왜 결혼하는가?

왜 결혼하는가?

지은이 | 조정민
초판 발행 | 2024. 12. 18
등록번호 | 제1988-000080호
등록된 곳 | 서울특별시 용산구 서빙고로65길 38 두란노빌딩
발행처 | 사단법인 두란노서원
영업부 | 2078-3333 FAX | 080-749-3705
출판부 | 2078-3331

책 값은 뒤표지에 있습니다.
ISBN 978-89-531-4993-9 03230

독자의 의견을 기다립니다.
tpress@duranno.com www.duranno.com

두란노서원은 바울 사도가 3차 전도여행 때 에베소에서 성령 받은 제자들을 따로 세워 하나님의 말씀으로 양육하던 장소입니다. 사도행전 19장 8-20절의 정신에 따라 첫째 목회자를 돕는 사역과 평신도를 훈련시키는 사역, 둘째 세계선교(TIM)와 문서선교(단행본·잡지) 사역, 셋째 예수문화 및 경배와 찬양 사역, 그리고 가정·상담 사역 등을 감당하고 있습니다. 1980년 12월 22일에 창립된 두란노서원은 주님 오실 때까지 이 사역들을 계속할 것입니다.

왜 결혼하는가

조정민

두란노

Contents

Prologue.

주례 부탁을 받을 때마다 묻고 싶지만 묻지 못한 질문이 있습니다. "왜 결혼하십니까?" 결혼을 다시 생각해 보라는 말을 미처 하지 못했다가 후회한 적도 있습니다. 그래서 이 책을 썼습니다. 당연히 결혼을 앞둔 젊은이들에게 하고 싶은 얘기입니다. 또한 결혼했지만 생각하지 못했던 일로 힘든 시간을 보내고 있는 분들에게도 하고 싶은 얘기입니다.

"결혼은 해도 후회, 안 해도 후회"라는 말은 사실이 아닙니다. 결혼은 사람이 시작한 일이 아닙니다. 하나님의 선물입니다. 하나님의 의도가 있고 목적이 있습니다. 알면 결혼의 삶은 훨씬 풍성해지고 열매가 많아질 것이고, 모르면 시간이 흐를수록 힘들어지고 헤어질 생각에 골몰할 것입니다. 알면 가정은 천국이 될 것이고, 모르면 지옥이 될 것입니다.

이 책이 결혼을 이해하는 데 도움이 되기를 바라고, 삶의 배경이 전혀 다른 두 사람이 가정을 이루고 끝까지 지켜내는 데 작으나마 도움이 되기를 바랍니다. 여느 때처럼 두란노 가족의 수고로 또 한 권의 책을 선보이게 되었습니다. 원고를 살펴봐 준 이정아, 지소영 두 분에게도 감사를 전합니다.

2024년 12월

조정민

PART 1.

결혼, 반드시 해야 하나?

이러므로 남자가 부모를 떠나 그의 아내와 합하여 둘이 한 몸을 이룰지로다 아담과 그의 아내 두 사람이 벌거벗었으나 부끄러워하지 아니하니라 | 창 2:24-25 |

하나님 아버지, 하나님이 천지를 창조하실 때 마지막으로 지으시고, 어떤 것보다도 보시기에 참 좋다고 감탄하셨던 인간이 타락하고 병들어 많은 문제 가운데 살아갑니다. 어떻게 해야 우리가 하나님의 모양과 형상을 제대로 회복하며, 어떻게 해야 소중한 결혼, 소중한 부부 관계, 소중한 가정을 제대로 누릴 수 있을지 우리에게 믿음과 지혜를 허락하여 주옵소서. 예수님의 이름으로 기도합니다.

공장에서 제품을 만들 때, 불량률을 최대한 낮추는 것이 우선적인 목표일 것입니다. 미국의 전기 자동차 제조업체 테슬라는 부품 불량률 제로를 목표로 한다고 합니다. 그런데 하나님은 왜 인간을 처음부터 고장 난 채로 세상에 내보내시는 걸까요? 도대체 무슨 일이 있었기에 인간의 불량률이 이리도 높은 것입니까? 불량품 같은 우리가 하나님의 모양과 형상을 제대로 회복하려면, 어떻게 해야 합니까? 어떻게 해야 하나님이 우리에게 주신 소중한 결혼, 소중한 부부 관계, 소중한 가정을 제대로 누릴 수 있겠습니까?

창세기는 시작의 책, 모든 것의 근원에 관한 책입니다. 가정의 출발점 또한 창세기에서 찾아볼 수 있을 것입니다. 창세기를 읽다 보면 '창조'와 관련된 표현이 여럿 등장합니다. '창조하다, 짓다, 만들다' 등 다양한데, 히브리어 원어로 보면 각기 다른 단어입니다. 예를 들어, "태초에 하나님이 천지를 창조하시니라"(창 1:1)에서 '하나님이 창조하시다'를 히브리어 원어로 보면, '바라 엘로힘'인데, 여기서 '바라'는 말 그대로 무(無)에서 유(有)를 만들어 내는 창조를 뜻합니다. 또 "여호와 하나님이 땅의 흙으로 사람을 지으시고"(창 2:7)에서 '지으시고'로 번역된 히브리어 단어는 '야차르'로 토기장이가 흙을 빚어 그릇을 만들 듯 모양을 만들어 가는 것을 의미합니다.

만물은 하나님의 창조 능력으로 처음부터 완벽하게 만들어졌습니다. 이는 어떤 존재하는 것에서 다른 존재로 점차 변화해 왔다는 진화론과는 다른 개념입니다. 인간은 처음부터 완전하게 만들어졌다는 것이 창조론적 시각이며 이것은 남자와 여자의 창조를 이해하는 데 중요한 개념입니다.

왜 발가락뼈가 아니라 갈빗대인가

결혼에 관한 논쟁을 펼치려면, "하나님은 남자와 여자를 각각 창조하셨다"라는 이야기에서부터 출발해야 합니다. 남자와 여자가 따로따로 지어졌다는 건 각각의 존재 목적이 있다는 뜻이므로 그에 대해 한번 생각해 보자는 것입니다.

우선 하나님은 사람을 창조하신 뒤 그들에게 복을 주시며 "바다의 물고기와 하늘의 새와 땅에 움직이는 모든 생물을 다스리라"(창 1:28)고 하셨습니다. 인간에게 피조 세계를 위탁하여 관리하게 하신 것입니다. 이것은 인간 공통의 존재 목적입니다.

온갖 생물을 지으신 하나님은 아담에게 이름을 짓는 일을 위임하셨습니다. 이름을 짓는다는 것은 창조에 버금가는 행위입니다. 왜냐하면 어떤 존재든 이름이 붙여질 때까지는 사실 실재하지 않는 것이나 마찬가지이기 때문입니다. 시인 김춘수는 "내가 그의 이름을 불러주기 전에는 / 그는 다만 / 하나의 몸짓에 지나지 않았다. // 내가 그의 이름을 불러주었을 때 / 그는 나에게로 와서 / 꽃이 되었다"라고 노래하지 않았습니까? 이처럼 이름을 짓는 것에는 대단히 중요한 의미가 있습니다. 이 창조적 행위로써 인간은 마치 하나님과 동역한 듯 인정받을 수 있었습니다.

아담의 이름 짓기에 이어서 여자가 창조된 배경에 관한 기사가 등장합니다. 하나님이 말씀하시길, "사람이 혼자 사는 것이 좋지 아니하니 내가 그를 위하여 돕는 배필을 지으리라"(창 2:18)고 하셨습니다. "돕는 배필"로 번역된 히브리어 '에제르'는 성경에서 여성을 특징짓는 단어 중 하나입니다. 누군가를 돕는 존재로서 창조되었다는 것을 언짢게 여길 필요가 없습니다. 누군가를 도우려면, 도움을 받는 사람보다 능력이 더 있어야 하기 때문입니다.

게다가 '혼자 사는 것이 좋지 않다'라는 말씀에는 단순히 사람은 혼자 있으면 외로움을 느끼는 존재라는 뜻뿐 아니라 도움이 필요한 존재라는 뜻이 담겨 있습니다. 하나님의 형상을 따라 하나님의 모양대로 창조되었는데(창 1:26), 왜 도움이 필요합니까? 왜냐하면, 하나님도 삼위일체로서 존재하시며 서로 도우시기 때문입니다. 요한복음 17장에서 예수님이 대제사장의 기도를 드리실 때, 무어라 기도하셨습니까? "내게 주신 아버지의 이름으로 그들을 보전하사 우리와 같이 그들도 하나가 되게 하옵소서"(요 17:11)라고 하셨습니다. 하나님이 삼위일체로서 하나이신 것처럼 제자들도 하나 되게 해 달라고 기도하신 것입니다.

인간은 더불어 살 때 비로소 인간 됨을 경험합니다. 인간(人間)이란 한자를 보십시오. 사람 인(人)과 사이 간(間) 아닙니까? 사람과 사람 사이에 무엇이 존재한다는 것입니다. 그 무엇 때문에 비로소 인간이라고 할 수 있습니다. 그 '무엇'이 무엇입니까? 바로 관계입니다. 사람은 인(人)으로만 존재하지 않습니다. 더불어 살아야만 인간(人間)이 됩니다. 서로 판이한 남자와 여자가 도움을 주고받으며 더불어 하나 되어 살게 하신 것은 하나님의 신비입니다.

하나님은 아담을 깊이 잠들게 하시고, 그의 갈빗대를 하나 취해 여자를 만드셨습니다(창 2:21-22). 발에서 발가락뼈를 하나 떼신 것도 아니고, 머리뼈에서 한 조각을 떼어 내신 것도 아닙니다. 옆구리에서 갈빗대를 취하셨다는 것이 의미심장합니다. 옆에서 나란히 동행하는 관계로 지으셨다는 뜻이기 때문입니다. 남자에게서 여자가 나오게 하셨으되 훗날 예수님이 여자의 후손으로 오시게 되는 것을 보면, 완벽한 보완이며 놀라운 순환입니다.

왜 첫 번째 제도로 가정을 주셨는가

남자와 여자의 창조 이야기에서 가장 이상한 부분은 하나님이 "남자가 부모를 떠나 그의 아내와 합하여 둘이 한 몸을 이룰지로다"(창 2:24)라고 하셨다는 것입니다. 태초에 아담과 하와밖에 없었는데, 도대체 아담은 어떤 부모를 떠난 겁니까?

물론, 아담의 위로는 창조주 하나님밖에 없으십니다. 부모를 떠나라는 말은 인간 존재의 뿌리를 찾아 거슬러 올라간 모세가 창세기를 기록하면서 가정의 존재 양식과 관련하여 쓴 것으로 보입니다. 즉 아담과 하와로 상징되는 남자와 여자가 각각 독립된 존재로 만나 결혼하여 이루는 것이 가정이라는 뜻입니다.

독립된 존재가 되려면, 먼저 자기 부모를 떠나야 합니다. 부모를 떠나라는 것은 부모와 척지거나 원수지간이 되라는 뜻이 아닙니다. 그러나 부모를 떠나 홀로 서지 못하는 사람은 누구를 만나도 독립된 가정을 이룰 수 없습니다. 요즘식으로 말하자면, 성인이 되어서도 부모 돈으로 사는 사람은 결혼하면 안 됩니다.

그런데 결혼해서도 부모의 도움을 받으려고 하는 사람들이 얼마나 많습니까? 자기 힘으로는 집을 사는 게 거의 불가능한 시대이므로 결혼하려면 부모가 집을 사 줘야 한다고 합니다. 저출생 문제가 심각한데, 다행히 자녀를 낳아도 부모에게서 직접적으로든 금전적으로든 육아의 도움을 받곤 합니다. 심지어 자녀의 학교 등록금까지 지원받기도 합니다. 어느새 이런 것들이 보편적인 현상이 되고 말았습니다. 오죽하면, 고위 공직자 인사 청문회가 열릴 때마다 '아빠 찬스'나 '엄마 찬스'라는 말이 화제가 되겠습니까? 부모의 도움이 없으면 성공하지 못하는 세상이 된 듯합니다.

그러나 이걸 알아야 합니다. 아빠 찬스 때문에 정작 자신은 제대로 된 아빠가 되지 못할 수 있다는 것입니다. 자기 가정을 온전히 꾸리지 못할 수도 있다는 말입니다. 그러면 남자만 부모를 떠나야 합니까? 여자는 안 떠나도 됩니까? 아닙니다. 둘 다 자기 부모를 떠나야 합니다. 독립된 존재로서 남자와 여자가 대등하게 결합해야만 건강한 가정을 이룰 수 있습니다.

가정은 하나님이 인간에게 주신 첫 번째 제도(institution)입니다. 더불어 살아야만 하는 인간을 위해서 허락하신 제도요 진정한 공동체(community)의 출발입니다. 공동체는 인간이 인간으로서 존재하도록 구분된 삶의 영역인 것입니다.

그런데 둘이 하나 되는 게 쉽습니까? 결혼하면 저절로 하나가 되던가요? 하나가 되는 건 죽도록 힘든 일이니만큼 하나가 되려면 죽도록 고생해야 합니다. 그런데도 가정이라는 공동체를 이루게 하신 것은, 이것이 하나님께서 지으신 모양과 형상을 완성해 가는 불가피한 과정(process)이기 때문입니다.

부모를 떠나 한 몸을 이루고, 곧 가정을 꾸린 남자와 여자는 어떤 사이가 됩니까? "벌거벗었으나 부끄러워하지 않는"(창 2:25) 사이가 됩니다. 그러나 벌거벗었는데 부끄럽지 않을 사람이 대체 어디 있습니까? 사실, 세상은 아무리 잘 가리고, 잘 차려입어도 발가벗기려고 달려드는 곳입니다. 털어서 먼지 안 나는 사람이 있느냐면서 털어 대는 곳이 세상이란 말입니다. 정적의 뒷조사를 왜 하고, 맘에 안 드는 사람의 신상 털기를 왜 합니까? 낱낱이 까발리겠다는 것입니다.

하지만 가정은 그런 원리로 작동하지 않습니다. 벌거벗어 부끄러워도 허물과 약점이 있어도 덮어 주고, 가려 주는 곳이 가정입니다. 가정은 서로 삿대질하는 곳이 아닙니다. 옷을 입고 있어도 발가벗겨진 듯 부끄러움을 느끼게 하는 것이 세상이라면, 가정은 벌거벗고 있어도 부끄러움을 느낄 필요 없는 안락한 곳이어야 합니다. 이것을 경험하라고 하나님은 가정이라는 제도를 허락하셨습니다.

세상은 우리를 못 살게 들들 볶아 대는데, 가정에서 편안하게 벌거벗고 회복하는 시간을 갖지 않으면 제정신으로 살아갈 수 없습니다. 이때 벌거벗었다는 것은 꾸미거나 가식할 필요가 없다는 뜻입니다. 가정은 밖에서 아무리 피투성이가 되어 돌아오더라도 상처를 닦아 주고 어루만져 주는 곳이어야 합니다. 밖에서 고장 나 만신창이가 되어 들어와도 늘 새롭게 다듬어서 깔끔하게 내보내는 수리점이 바로 가정이란 말입니다. 이때 수리공이 누구입니까? 다름 아닌 돕는 배필입니다.

유리 조각을 스테인드글라스로 만드는 결혼

태초의 가정은 아담과 하와의 타락으로 고장 나기 시작했고, 이후로 계속 깨진 상태입니다. 사도 바울도 그러한 환경에서 살았습니다. 그러나 그도 고린도에 가서는 큰 충격을 받았습니다. 당시 헬라 세계에서 상업의 중심지 역할을 했던 고린도는 우상 숭배가 만연하고, 상상할 수 없을 정도로 음란한 곳이었습니다. 아프로디테 신전에는 천 명의 성창(sacred prostitute)이 있어 제사 지내러 온 남자들에게 거리낌없이 몸을 팔았습니다.

그런 곳에 고린도교회가 있었고, 세상의 음란함이 교회로 고스란히 들어왔습니다. 하나님이 주신 첫 번째 제도, 결혼이 위기에 처했습니다. 사도 바울은 고린도교회에 보내는 편지에 이렇게 썼습니다.

> 음행을 피하기 위하여 남자마다 자기 아내를 두고 여자마다 자기 남편을 두라 (고전 7:2)

음란하게 살 바에는 제발 결혼하라는 것입니다. 그러나 가장 중요한 메시지는 이것입니다.

> 형제들아 너희는 각각 부르심을 받은 그대로 하나님과 함께 거하라 (고전 7:24)

결혼하든 안 하든 중요한 것은 하나님과 함께 사는 것입니다. 독신으로 부름받았으면 독신으로서 하나님과 함께 살고, 결혼하라고 하셨으면 결혼하여 하나님과 함께 살라는 것입니다. 여기서 무엇을 알 수 있습니까? 원래 가정은 남자와 여자, 둘이 아닌 셋부터 시작돼야 한다는 것입니다. 즉 남자와 여자가 결혼한 가정에 하나님이 주인이 되시고, 머리가 되셔야 합니다. 가정이 이렇게 운영된다면, 무슨 문제가 있겠습니까?

또 사도 바울은 "장가가도 죄짓는 것이 아니요 처녀가 시집가도 죄짓는 것이 아니로되 이런 이들은 육신에 고난이 있으리니 나는 너희를 아끼노라"(고전 7:28)라고 말합니다. "내가 여러분을 아껴서 하는 말인데, 솔직히 결혼하면 고생길이 열릴 것입니다"라는 말입니다. 그 정도로 시대가 악했다는 뜻일 것입니다.

그때와 지금은 얼마나 다릅니까? 사실, 별 차이가 없습니다. 오늘날도 사도 바울의 조언은 귀담아들어야 할 정도로 상당히 설득력이 있습니다. 독신의 은사가 있는 것 같으면, 그렇게 지내십시오. 그냥 홀로 지내도 괜찮습니다. 그러나 "저 사람과 평생 같이 살라"라는 하나님의 계시가 있다면, 결혼하십시오.

인생은 죄로 인해서 산산조각이 났지만, 아무리 큰 죄라도 하나님의 은혜보다 더 클 수는 없다는 것을 기억하십시오.

죄가 인생을 박살 내어도 그 깨진 조각들이 하나님의 손에 붙들리는 순간 상상도 못 할 아름다운 작품이 됩니다. 회개하고 하나님께 돌이키면, 하나님이 깨진 유리 조각을 남김없이 거두어 스테인드글라스로 만들어 주십니다. 하나님은 그런 능력이 있으신 분입니다. 어떤 남자와 어떤 여자가 결혼하더라도 하나님 안에서 가정을 꾸리기만 한다면, 하나님을 가정의 주인으로 모시기만 한다면, 그들은 세상의 어떤 부부보다도 더 아름답고 향기로운 가정을 이루게 될 것입니다.

하나님은 태초에 남자와 여자를 만드실 때부터 '결혼'이라는 것을 생각하셨고, 결혼을 통해 하나님의 가정을 이루어 가게 하셨습니다. 하나님이 독신으로 부르셨다면, 독신으로 살 수 있는 믿음을 허락하여 주시길 기도하십시오. 그러나 할 수만 있다면, 하나님을 믿고 결혼하십시오!

단, 고생은 각오하십시오. 시간이 흐른다고 고생이 저절로 줄어들진 않을 것입니다. 그러나 결국에는 할 만한 고생이었다는 것을 깨닫게 될 것입니다.

"혼자였다면, 하나님의 형상으로서의 '나'란 존재에는 영영 다다를 수 없었을지도 모른다"라는 고백을 하게 될 것입니니다. 배우자 덕분에, 가족 덕분에 비로소 사람다운 사람이 되었다고 고백하게 될 것입니다. 결혼이 사람을 원래 하나님의 형상대로 빚어 가기 때문입니다.

하나님 아버지, 수많은 사람이 고민하고 있습니다. 신혼집 마련은 커녕 결혼을 위한 최소한의 준비도 안 되어 있는데, 결혼을 어떻게 합니까? 하나님은 남자와 여자를 지으실 때부터 가정이라는 제도를 주셨고, 결혼을 통해서 하나님의 가정을 이루어 가게 하셨습니다. 만일 제게 독신의 은사를 주셨다면, 독신으로 살아갈 믿음을 주옵소서. 그러나 아니라면 어떻게 해야 결혼에 성공할 수 있는지 가르쳐 주옵소서.

그리하여 하나님 안에서 이룬 가정을 통해 어떤 고난이나 어려움이 닥쳐도 기꺼이 감당하게 하옵소서. 하나님의 가정을 이루는 하나님의 사람, 하나님의 자녀가 되게 하여 주옵소서. 예수님의 이름으로 기도합니다.

QnA.

Q 예비하신 배우자를 하나님의 섭리대로 만나게 되는 최적의 타이밍이 있을까요? 아니면 이 또한 만나려고 노력해야만 할까요?

A 제 경우에는 젊을 때 예수님을 몰랐던 탓에 제힘으로 열심히 찾았습니다. 그러느라 시간을 많이 보냈는데, 교회 다니는 사람은 언젠가 때가 되면 하나님이 주시리라 믿고 살다가 배우자감을 보자마자 석 달 만에 결혼하기도 하더라고요.

그렇게 말씀과 믿음 안에서 차분히 기다리다 보면 하나님이 좋은 배우자를 만나게 해 주실 것으로 믿습니다. 그 또는 그녀가 나타나면 성경 말씀대로 그·그녀가 "내 뼈 중의 뼈요 살 중의 살"(창 2:23)인 줄 알아보지 않겠습니까? 최근에 주례를 본 한 쌍도 서로를 보며 하나님이 예비하신 배우자라는 느낌을 받았다고 하더군요.

중요한 것은 부모에게서 독립하여 가정을 꾸릴 만한 준비가 되어 있느냐입니다. 준비가 안 되어 있는데, 좋은 사람을 만나게 해 달라고 기도하는 건 어리석은 행동이라고 생각합니다. 먼저 하나님을 깊이 알아가는 시간을 갖는 것이 낫습니다. 하나님과 깊은 교제를 나누면서 혼자 살아도 부족함이 없을 정도가 되어야 다른 누군가를 만나서도 잘살 수 있기 때문입니다. 하나님이 "돕는 배필"(창 2:20)을 주시는 이유는 그 도움이 없으면 아무것도 못 하는 무능력자이기 때문이 아닙니다. 오히려 하나님 안에서 하나의 인격체로서 온전히 설 수 있을 때가 바로 예비하신 배우자를 만나는 최적의 타이밍임을 알아야 합니다.

만날 준비란 무엇입니까? 예를 들어, 어떤 중독에 빠져 있거나 늘 불안한 상태로 비정상적인 삶의 궤도를 걷는 사람이 있다면, 누구를 만난들 그 사람을 행복하게 해 줄 수 있겠습니까? 먼저 자신을 파멸로 이끌어가는 악순환의 고리에서 벗어나 인격적으로 안정적인 상태에 이르러야 인격적인 기준이 세워지고, 그래야만 하나님이 주시는 배우자를 알아볼 수 있습니다.

예비하신 배우자를 알아보고 결혼한 분이 만남의 3원칙을 알려 주었습니다. 첫째, 인생을 바라보는 관점이나 가치가 비슷해야 합니다. 둘째, 자신의 장점뿐 아니라 약점도 정직하게 보여 줄 수 있어야 합니다. 왜냐하면 좋은 것만 보고 결혼했다가는 자칫 속았다는 생각이 들 수도 있기 때문입니다. 셋째, 마음에 품은 소망도 어려움도 모두 나눌 수 있어야 합니다. 서로 상대방의 빛나는 부분만이 아니라 어두운 면까지도 볼 수 있을 때, 그럼에도 불구하고 결혼해야겠다는 생각이 들어야 예비하신 배우자가 아닐까요?

Q 안 믿는 사람과 결혼해도 되나요?

A 그건 저 같은 사람한테 물어보면 안 되는 질문 같습니다. 저는 원래 안 믿는 사람이었는데, 예수님을 믿던 아내가 저와 결혼해 줬거든요.

그래도 질문에 답하자면, 저는 믿고 안 믿고에 너무 매달리지 말라고 말합니다. 왜냐하면, 젊을 때의 믿음이 다 성숙한 건 아니더라고요. 엉터리 믿음이 많습니다. 그러니까 교회에 다니고, 안 다니고는 기준이 될 수 없습니다. 겉으로 보이는 믿음보다는 차라리 인격을 보십시오. 평소에 거짓말을 하나 안 하나 보는 게 낫습니다. 열정이 있는지, 꿈은 있는지를 보십시오. 그것이 더 중요합니다. 교회에 꾸준히 다닌다는 것만 믿고, 시어머니 권사에 시아버지가 장로인 집에 시집갔다가 된통 당한 사람을 한두 번 본 게 아닙니다.

사람 됨됨이가 좋고 정직하면, 인간적으로든 신앙적으로든 쭉쭉 뻗어 나가게 되어 있습니다. 정직하지 않으면, 자라나지 못합니다. 성숙에 이르질 못합니다. 신앙은 하나님 앞에 정직한 삶이기 때문입니다. 교회에 열심히 나가든 안 나가든, 무슨 직분을 맡았든 안 맡았든, 심지어 청년회 회장이라도 겉으로 보이는 모습은 믿을 만한 게 별로 없습니다. 그 삶이 하나님 앞에서 정말로 정직한가만 보면 됩니다.

어떤 종교적인 행위를 하는 것과 하나님이 기뻐하시는 삶을 사는 것은 다른 차원의 문제인 것 같습니다. 그러므로 배우자감에게서 무엇을 봐야 할지 지혜를 구해야 합니다. 한쪽만 믿고, 다른 한쪽은 믿지 않을 때는 결국 부부는 같은 믿음을 갖는 게 좋겠다는 합의에 이르러 결단할 수 있도록 돕는 것이 필요합니다.

믿지 않는 사람과 결혼한 사례를 지금까지 여럿 보아 왔습니다. 조건이 너무 좋아서 믿음 같은 것은 보지 않고 결혼했다가 이혼한 경우를 많이 봤고, 또 믿음이 좋아 보여서 이리저리 재지 않고 결혼했다가 생각지도 못했던 어려움에 부딪혀 파경에 이른 경우도 봤습니다. 물론, 사람 됨됨이를 보고 결혼했다가 예수님을 영접하게 된 경우도 꽤 많습니다. 배우자에게 믿음을 불어넣을 수 있다는 건 대단한 선물이라고 생각합니다. 모르긴 몰라도, 그 사람은 당신을 만난 것보다 예수님을 만난 걸 더 기뻐할 것입니다. 이보다 수지맞은 결혼이 어디 있습니까?

믿지 않는 사람과 결혼해도 될지 가늠할 기준은 상대방의 믿음을 존중하는가입니다. 배우자를 진심으로 존중한다면, 그의 신앙과 인생 가치관도 마찬가지로 존중해 줘야 하지 않겠습니까? 따라서 내가 신앙을 고백했을 때, 상대방이 바로 받아들이지는 않더라도 진지하게 고민하는 태도를 보이는가 안 보이는가가 주목해야 할 태도가 아닌가 생각합니다.

Q "부부는 돌아서면 남이 된다"라는 말이 있는가 하면, "피는 물보다 진하다"라는 말이 있습니다. 언뜻 부부의 정보다 혈육의 정이 더 깊다는 뜻으로 들리기도 하는데, 배우자와의 관계보다 부모와의 관계가 더 중요할까요? 성경은 어떻게 말씀하고 있는지 궁금합니다.

A 성경은 한마디로 부모를 떠나 자기 배우자와 합하여 둘이 한 몸을 이루라고 가르칩니다(창 2:24; 엡 5:31). 우리나라 가정의 가장 큰 문제는 결혼해서도 부모를 못 떠난다는 데 있습니다. 부모를 그렇게 사랑하지도 않으면서 부모에게 묶여 있으니 역설적입니다. 남자나 여자나 자기 부모에게 묶여 있으면, 두 사람의 가정은 제대로 출발할 수가 없습니다.

그러니까 부모에게서 도움받기를 반드시 거절해야 합니다. 말없이 지원만 해 주고, 입을 다무는 부모는 거의 찾아보기 어렵습니다. 부모에게 자꾸 의존하니까 묶여 있게 되고, 사사건건 간섭받게 되는 것입니다.

두 사람이 성인답게 독립을 결정해야 제대로 된 가정이 탄생합니다. 부모는 뒤로 물러나고, 부부와 그 자녀들이 가정의 중심이 되어야 합니다. 둘이 결혼으로 하나가 되기로 했다면, 뒤를 돌아보지 말아야 합니다. 과거와 단절하고, 새로운 삶을 시작해야 합니다. 과거를 주렁주렁 매달고 결혼하면, 미래로 나아가질 못합니다. 각자 자기 삶을 정리하고, 둘이 하나 되어 나아가야 합니다.

자기 부모를 떠난다는 것은 결혼 후에 자기 배우자의 잘못을 부모에게 시시콜콜 얘기하지 않는 것입니다. 부부간에 문제가 생기면, 둘이 갈등하고 해결해야지 부모를 끌어들여서는 안 됩니다. 부부지간에 있었던 일을 밖에 나가서 얘기하는 것은 정말로 어리석은 일입니다. 성경은 "아담과 그의 아내 두 사람이 벌거벗었으나 부끄러워하지"(창 2:25) 아니하였다고 말합니다. 그런데 남편이 시부모 앞에서 아내를 부끄럽게 만들고, 아내가 친정 부모 앞에서 남편을 부끄럽게 만들어서야 되겠습니까?

정말 좋은 남편, 좋은 아내가 따로 있는 것이 아닙니다. 내 남편을 좋게 얘기하면 좋은 남편이 되고, 내 아내를 안 좋게 얘기하면 안 좋은 아내가 되는 것입니다. 좋은 남편과 좋은 아내는 배우자의 입이 만든다는 사실을 기억하십시오.

Family

가정은 세상 원리로 작동하지 않습니다.
벌거벗어 부끄러워도 허물이 있어도 약점이 있어도
덮어 주고, 가려 주는 곳이 가정입니다.
이것을 경험하라고 하나님은 가정이라는
제도를 허락하셨습니다.

PART 2.

참 어른을 만드는 결혼

그리스도를 경외함으로 피차 복종하라
| 엡 5:21 |

하나님 아버지, 우리 주변에 병든 가정, 깨어진 부부 관계가 얼마나 많은지 모릅니다. 심지어 나이 들어서 이혼하는 부부가 많아져 황혼 이혼이라는 말까지 생겨났습니다. 주님, 이러한 시대에 우리가 하나님의 말씀과 믿음의 반석 위에 가정을 굳건히 세우도록 도와주옵소서. 예수님의 이름으로 기도합니다.

사람은 언제 어른이 됩니까? 물론 법적으로야 만 19세 이상이면 성인이고, 만 18세만 되어도 선거권을 갖고, 결혼도 할 수 있으니 어른이라고 생각할지 모르지만, 일정 나이가 되었다고 해서 꼭 어른이 되는 건 아닙니다. 사회적인 지위가 높거나 학력이 높다고 해서 어른이라 부르는 것도 아닙니다. 어른의 사전적 뜻은 다 자라서 자기 일에 책임을 질 수 있는 사람인데, 한마디로 사람 구실을 제대로 하는 사람이라야 어른이라고 할 수 있다는 것입니다.

저는 하나님이 우리에게 어른이 되는 두 갈래 길을 주셨다고 믿습니다. 왜냐하면 하나님이 이 땅에 주신 제도가 둘 있는데, 이를 통해 사람이 하나님의 모양과 형상을 드러낼 수 있기 때문입니다. 두 제도 중 하나가 가정이고, 다른 하나가 교회입니다. 하나님이 주신 만큼 본질과 속성이 동일하므로 가정과 교회는 불가분의 관계입니다. 하나님이 허락하신 첫 번째 제도가 바로 결혼으로 하나 된 부부로 이루어진 가정 공동체라는 사실에 주목할 필요가 있습니다. 우리는 이 두 공동체를 통해 하나님의 모양과 형상을 드러내는 참다운 사람, 진정한 어른으로 성숙해 갑니다.

그리스도의 권위에 복종할 줄 알아야 어른이다

어린아이와 어른의 차이가 무엇입니까? 어린아이는 항상 자기가 먼저입니다. 늘 자기중심적으로 생각하고, 자기 생각이 옳다고 주장하는 건 미성숙한 모습입니다. 어른은 어떻습니까? 자신보다 상대방을 더 배려하고 존중하며 마음을 헤아릴 줄 알고, 상대방을 위하여 기꺼이 손해 볼 줄도 알고, 약속한 게 있다면 아무리 어렵고 힘든 일이라도 반드시 지켜 내는 사람입니다. 자신한테 주어진 인생의 책임이 무엇인가를 두루 살피고, 그 책임을 다해 가는 사람을 우리는 어른스럽다고 말합니다.

결혼해야 어른이 된다는 말이 있습니다. 그런데 요즘은 결혼해도 어른이 되지 않고, 철없이 사는 사람이 많은 듯합니다. 어린아이인 채로 결혼 생활을 하기에 가정이 오래가지 못하고 깨지는 일이 많습니다. 어른이 되어야 가정에 책임을 다할 텐데, 어른이 되지 못한 탓에 가정을 깨뜨리는 것을 쉽게 여기는 것 아니겠습니까? 결혼했음에도 부부 중심으로, 또는 각자 자기중심으로 살다 보면, 어느새 가정이 무참하게 병들어 버리고 맙니다. 자녀들이 그 속에서 무정함을 견디며 살아내느라 얼마나 힘들어하는지를 보지 못합니다.

어떻게 해야 하나님이 의도하고 목적하셨던 대로 결혼 공동체를 통해 진정한 어른으로 성숙해 갈 수 있겠습니까? 성경은 "그리스도를 경외함으로 피차 복종하라"(엡 5:21)고 조언합니다. 이는 그리스도인의 관계 맺는 방식은 그리스도 중심이어야 한다는 뜻입니다. 세상 사람들은 자기중심적으로 관계를 맺습니다. 나한테 득이 되고, 내 뜻을 거스르지 않고, 내가 하자는 대로 순순히 따르는 사람들과 주로 관계를 맺고자 합니다. 그러나 그리스도인들은 "피차", 곧 양쪽 모두가 그리스도 안에서 서로 복종하는 관계를 맺습니다.

즉 결혼은 어느 한쪽이 일방적으로 굴복시키거나 복종하는 관계가 아니라는 뜻입니다. 그러니 결혼하면 초반에 주도권을 잡아야 한다는 헛소리는 하지도 말고, 듣지도 마십시오. 주도권을 잡기 위해서 결혼한 겁니까? 누구를 종처럼 부리기 위해서 결혼하느냐는 겁니다. 그게 아니잖습니까?

그리스도인의 결혼에서 첫째는 그리스도를 향한 사랑과 존경, 곧 그리스도를 경외하는 마음입니다. 그 바탕 위에서 남자와 여자가 부부로서 관계를 맺어야 합니다. 그래서 어떤 의미에서 남녀가 같은 믿음을 가지는 것은 대단히 중요한 일입니다. 한쪽은 그리스도를 아는데, 다른 한쪽은 모른다면, 관계가 파행적으로 흘러갈 가능성이 크기 때문입니다. 그래서 결혼에 앞서 신앙을 따지는 이유가 일면 근거가 있습니다. 하지만 교회의 젊은 남녀 성비(性比)가 맞지 않다면 결혼하고 싶어도 못 하는데, 믿지 않는 사람과 결혼하여 그리스도를 영접하게 하는 것이 낫지 않겠습니까?

어떤 경우든, 결혼 생활을 잘하려면 그리스도 안에서 피차 복종해야 합니다. 여기서 "복종"은 회사 사장과 직원의 관계나 군대 상관과 부하의 관계에서의 복종과는 다릅니다. 그리스도 안에서의 복종은 명령이 아닌 자발성을 전제로 하기 때문입니다. 자신의 의사로 내가 먼저 기꺼이 복종하는 것입니다.

사도 바울이 에베소서를 쓴 당시는 일방적인 남성 우위의 사회였습니다. 여성의 지위가 얼마나 낮은지 마치 물건처럼 다루어졌던 때라 "피차" 복종하라고 말할 필요가 있었습니다. 그리스도의 권위에 복종할 줄 아는 사람만이 배우자를 인격체로서 대등하게 대할 줄 압니다. 그리스도 아래에서는 누구든 위에 있거나 아래 있지 않기 때문입니다. 그런 인격적인 삶의 태도가 결혼의 기초가 되어야 한다는 뜻입니다.

성경은 "아내들이여 자기 남편에게 복종하기를 주께 하듯 하라"(엡 5:22)고 말합니다. 사실, 당시에는 아내가 남편에게 복종하는 것이 당연했습니다. 복종하지 않으면, 살지도 못했습니다. 남편이 사소한 일로 아내를 내쫓아도 감히 말하지 못하는 그런 사회였으니까 말입니다. 여기서 핵심은 "주께 하듯 하라"입니다. 그리스도께서는 우리에게 "나를 따르라"(막 2:14)

고 말씀하실 뿐, 억지로 끌고 가시지는 않습니다. 우리는 그리스도의 권위 앞에 두려움을 느끼긴 하지만, 그것은 공포가 아니라 경외입니다. 우리로 하여금 자발적으로 따르도록 하는 권위입니다. 그러므로 아내는 기쁨으로 기꺼이 주님을 따르듯 남편에게 '자발적으로' 복종해야 합니다. 복종해야 하는 이유는 분명합니다.

성경은 "이는 남편이 아내의 머리 됨이 그리스도께서 교회의 머리 됨과 같음이니 그가 바로 몸의 구주시니라"(엡 5:23)라고 말합니다. 권위의 질서에 있어서 "머리"는 순서상 가장 우선이 된다는 뜻입니다. 우리 몸이 머리의 지시를 따르는 것과 똑같은 이치입니다.

그렇다면 "남편이 아내의 머리 됨"이란 무슨 뜻이겠습니까? 고린도전서 11장을 보십시오.

> 그러나 나는 너희가 알기를 원하노니 각 남자의 머리는 그리스도요 여자의 머리는 남자요 그리스도의 머리는 하나님이시라 (고전 11:3)

이것은 권위가 흘러가는 순서를 보여 줍니다. 가정 내 권위의 원천이 하나님이심을 뜻합니다. 하나님으로부터 "하늘과 땅의 모든 권세"(마 28:18)가 예수 그리스도에게로 주어졌고, 또 주님으로부터 남자에게로, 남자로부터 여자에게로 흘러갑니다. 부부는 권력관계가 아니라 하나님으로부터 권위가 주어지는 관계입니다. 그러므로 남편이 아내의 머리가 된다는 것은 남편이 아내를 지배해야 한다는 뜻이 아니라 권위가 흘러가는 통로로서의 남편을 인정하고 존중해야 한다는 뜻입니다. 이처럼 행복한 결혼 생활은 남편의 권위를 인정해 주는 데서 시작됩니다.

그런데 인간이 다른 인간을 인정하는 게 그리 쉬운 일이 아니란 것이 문제입니다. 그냥 쉽지 않은 게 아니라 매우 어렵습니다. 어떤 사람을 보면, 그를 인정할 수 없는 수많은 요소가 한꺼번에 눈에 들어옵니다. '저 사람 헤어스타일이 왜 저 모양이야? 옷은 왜 저렇게 입었대? 옷에 어울리지 않는 신발을 신었네? 말투가 왜 저래?' 등등 직관적으로 거슬리는 것이 한둘이 아닙니다.

사실, 부부지간은 인격을 성숙시키는 훈련장과도 같습니다. 부부는 평생을 함께하면서 서로를 온전히 인정하는 관계 훈련을 통해서 인격을 빚어 갑니다. 즉 부부는 상대방의 전인격을 인정해야만 하는 관계입니다. 월급만 받아들인다거나 사회적 배경이나 외모나 학벌만 받아들이는 관계가 아니지 않습니까? 부부지간은 무슨 얘기를 하든 간에 상대방을 부인하는 태도를 보여선 안 됩니다. 결혼까지 한 이상 시시콜콜 시비를 따지지 말라는 뜻입니다.

어떤 사람은 "아이고, 복종할 만하면 하지, 왜 안 하겠어요? 당신이 이 사람과 한번 살아 보시라고요!" 하고 항변할지도 모릅니다. 누군들 복종하는 마음이 샘솟듯 솟아나겠습니까? 그런 사람은 없습니다. 심지어 예수님도 거절당하시지 않았습니까? 이 시대에도 예수님의 권위를 인정하지 않는 사람이 부지기수입니다. 아직 크리스천보다 넌크리스천이 훨씬 많지 않습니까? 권위를 인정하지 않는 건 인간의 본성에 속하는 것이요 죄인의 특성과도 같습니다.

그래서 아내들에게 "교회가 그리스도에게 하듯" 남편에게 복종하라고 하는 것입니다. 교회는 그리스도의 몸이요 그리스도께서 교회의 머리 되시니 몸이 머리에 복종하듯 교회에 복종해야 하지 않습니까? 그렇게 범사에 남편의 권위를 인정해주라는 것입니다.

이것이 내 힘으로 되는 일입니까? 그리스도의 권위도 인정하지 않는 세상에서 아내가 무슨 능력으로 남편의 권위를 인정하겠습니까? 한 가지 길밖에는 없습니다. 곧 내가 죽는 길입니다. 그리스도와의 관계를 통해서 나는 죽고 내 안에 그리스도께서 사시는 것을 경험한 두 사람이 결혼하면, 아무 문제가 없습니다. 하지만 어느 한쪽이 그렇지 않다면, 그리스도를 제대로 만난 사람이 상대방을 변화시키는 것밖에는 다른 길이 없습니다. 그 변화는 내가 일으키는 것이 아니라 예수 그리스도께서 일으키시는 것이기에 내가 그 사람에게 무엇을 행하는 것보다도 그 사람이 그리스도를 경외감으로 대할 수 있도록 모든 노력을 기울여야 합니다.

그러면 아내가 남편에게 복종할 때, 남편은 무엇을 해야 합니까? 성경은 "남편들아 아내 사랑하기를 그리스도께서 교회를 사랑하시고 그 교회를 위하여 자신을 주심같이 하라"(엡 5:25)고 말합니다. 이것은 복종보다도 더 어려운 일입니다. 사실, 결혼 생활 내내 사랑이라는 감정을 유지하기가 쉽지 않기 때문입니다. 결혼해서 얼마간 함께 생활하다 보면, 아내가 전처럼 사랑스럽지만은 않다는 걸 깨닫지 않습니까? 심지어 더는 사랑할 수 없을 것같이 느껴지기도 한단 말입니다.

여기서 그리스도께서 교회를 사랑하시듯 아내를 사랑하라고 할 때 쓰인 '사랑하다'라는 동사는 '아가파오'로, 곧 아가페 사랑입니다. 아가페는 가치 없는 걸 가치 있게 대해 주는 태도입니다. 이런 식으로 사랑하지 않으면 계속해서 사랑할 도리가 없습니다. 마음에 들 때는 좀 사랑했다가 마음에 안 들면 사랑하지 않는 변덕스러운 감정은 진정한 사랑이 아닙니다. 진정으로 사랑하기란 쉽지 않습니다.

오죽하면 사도 바울이 사랑의 정의를 15가지나 나열했겠습니까?

> 사랑은 오래 참고 사랑은 온유하며 시기하지 아니하며 사랑은 자랑하지 아니하며 교만하지 아니하며 무례히 행하지 아니하며 자기의 유익을 구하지 아니하며 성내지 아니하며 악한 것을 생각하지 아니하며 불의를 기뻐하지 아니하며 진리와 함께 기뻐하고 모

> 든 것을 참으며 모든 것을 믿으며 모든 것을 바라며 모든 것을 견디느니라 (고전 13:4-7)

하나하나를 살펴보다 보면, '내 사랑'이란 건 없다는 걸 깨달을 것입니다. 우선 우리는 오래 참지를 못합니다. 온유하지도 않습니다. 우리는 자기 유익을 떠나서는 다른 생각을 할 수 없는 존재입니다. 결국, 나는 내 아내뿐 아니라 그 누구도 사랑할 수 없는 존재라는 걸 알게 됩니다. 우리에게는 누군가를 사랑할 능력이 없습니다. 그리스도의 사랑을 받아야만 비로소 사랑할 수 있습니다. 내 안에 내 사랑이 아닌 그리스도의 사랑이 차고 넘쳐야만 부부간에 사랑이 가능합니다. 그러니 내가 살아 있으면, 어떻게 사랑합니까? 남편도 아내를 사랑하려면, 죽지 않고는 무슨 방법이 있겠습니까?

그리스도께서 교회를 어떻게 사랑하셨는지를 보십시오.

> 그는 근본 하나님의 본체시나 하나님과 동등됨을 취할 것으로 여기지 아니하시고 오히려 자기를 비워 종의 형체를 가지사 사람들과 같이 되셨고 사람의 모양으로 나타나사 자기를 낮추시고 죽기까지 복종하셨으니 곧 십자가에 죽으심이라 (빌 2:6-8)

십자가 사랑이 무엇입니까? 스스로 자기를 낮추어 죽기까지 복종하신 사랑입니다. 남편은 그 사랑을 알지 못하면, 그 사랑을 받지 않고서는 아내를 진정으로 사랑할 수가 없습니다.

우리는 열정이 불타오를 때는 열렬히 사랑하지만, 열정이 식어 버리면 더는 사랑할 능력이 없는 존재입니다. 그런데 어떻게 10년, 20년, 평생 사랑한단 말입니까?

알고 보면, 황혼 이혼이 이상한 일이 아닙니다. 내내 참고, 참고, 또 참았다가 도저히 더는 못 참겠다고 두 손 두 발 드는 것입니다. "이제는 나이 들어서 내 한 몸도 건사하기 힘든데, 어떻게 당신까지 견디겠느냐?" 어쩌면 타당한 항변이 아니겠습니까?

이런 불상사를 미연에 방지하려면, 남편과 아내가 각자 진정한 어른이 되는 수밖에 없습니다. 어른끼리는 몰라도 한쪽이 미숙한 채로 남아 있어서는 가정을 끝까지 지켜 내기가 어렵습니다.

참 어른이라면, 그런 일은 없다

사도 바울은 사랑을 15가지로 정의하고 이렇게 말합니다.

> 내가 어렸을 때에는 말하는 것이 어린아이와 같고 깨닫는 것이 어린아이와 같고 생각하는 것이 어린아이와 같다가 장성한 사람이 되어서는 어린아이의 일을 버렸노라 (고전 13:11)

우리가 어른이 되어야 하는 이유는 무엇입니까? 늘 어린아이처럼 생각하고, 깨닫고, 말하던 것에서 벗어나기 위함입니다. 어린아이들은 잘 놀고, 또 잘 싸웁니다. 부부가 왜 싸웁니까? 어린아이처럼 생각하고, 어린아이처럼 말하기 때문에 말꼬리를 잡고 시비를 다투다가 싸우는 것입니다. 어린아이 수준으로밖에는 깨닫지 못하는데, 어떻게 더 성숙합니까?

어른이라면 어린아이의 미숙함이나 응석을 받아 줄 수 있습니다. 어른은 어린아이와 싸우지 않습니다. 그런데 요새는 어찌 된 일인지 자녀와 싸우는 부모가 얼마나 많은지 모릅니다. 싸울 상대가 없어서 자녀를 낳았습니까? 부부간에 싸우던 버릇이 아이한테 그대로 나오는 것입니다. 부모로서 성장하거나 성숙하지 못하니까 자기 자식하고도 싸웁니다.

부부가 그리스도 안에서 하나 되지 못하고, 그리스도 안에서 성숙하지 못하면, 그 가정은 정말로 지옥을 이루게 되어 있습니다. 하나님은 이 땅에서 천국을 미리 맛보라고 가정을 허락해 주셨는데, 가정을 천국으로 만들기는커녕 지옥으로 만들어 버린다면, 세상은 아무런 희망이 없는 곳이 되어 버리고 맙니다.

어쩌면 하나님은 병든 가정을 치유하기 위해서 교회 공동체를 허락하셨는지도 모릅니다. 예수님이 신랑이 되시어 교회를 신부로 맞아 머리와 몸의 관계를 이룸을 보여 주시고, 자기를 낮추어 죽기까지 복종하여 십자가 사랑을 이루신 것을 교회 공동체를 통해 경험하게 하시려는 것입니다. 이것이 가정이 회복되는 길입니다. 교회를 통해 가정이 회복되어야 합니다.

가정과 교회는 절대로 분리되지 않습니다. 교회에서는 멋진 그리스도인인데 집에 가면 엉망이라면, 그는 참 그리스도인이 아닙니다. 교회에서 진정한 그리스도인으로 거듭났다면, 가정에서 남편도 아내도 자녀도 참 어른이 되어 가는 중입니다. 진정한 어른으로 성장해 갈 때, 가정이 어떤 곳으로 변화하는지를 직접 목격하고 경험하게 될 것입니다. 그런 과정에서 태어나는 자녀들은 참 어른의 모습을 보고 자라게 될 것이고, 그 덕분에 자녀들이 한결 수월하게 참 어른으로 성장해 갈 것입니다. 그러나 자녀가 어른스럽지 못한 부모 밑에서 태어나 자라는 내내 부모에게 시달렸다면, 어른다움을 한 번도 경험해 보지 못한 채 성인이 되어 자기도 결국 금이 가고 깨지고 고장 난 가정을 이룰 가능성이 높을 것입니다.

"예수를 잘 믿었는데, 가정이 깨져 버렸다!" 그런 일은 없습니다. 그건 사탄이 깨뜨린 겁니다. 교회 일을 열심히 하다가 가정을 깨뜨렸다거나 가정 사역을 하다가 가정이 깨졌다거나 아버지학교를 너무 열심히 섬기다가 이혼했다는 따위의 일은 말도 안 되는 것입니다. 아내는 그리스도께 하듯 남편에게 복종해 보십시오. 남편은 그리스도께서 교회를 위해 기꺼이 목숨을 내어 주신 것처럼 아내를 사랑해 보십시오. 하나님 앞에 부끄러움 없이 서기를 원한다면, 이렇게 해 보십시오. 어떻게 가정이 깨질 수가 있겠습니까?

사람들은 이 시대가 어디서부터 어긋나갔는지를 잘못 진단하고 있습니다. 사실, 문제의 시작은 가정에 있습니다. 부부의 하나 됨을 경험하지 못한 사람들이 세상을 분주하게 돌아다니며 온 공동체의 하나 됨을 깨뜨리지 않습니까?

그러니 자기 자신부터 돌아보고, 부부 관계에서 부모와 자녀의 관계에서 참 그리스도인으로서, 참 어른으로서 성장해 가기를 축복합니다. 젊어도 어른일 수 있고, 나이 팔십이 넘어서도 어린아이일 수 있다는 사실을 기억하고, 주님 안에서 참 어른으로 성장해 가기를 축복합니다.

하나님 아버지, 누가 결혼한다는 소식만 들어도 기쁜 시대인데, 티격태격하다가 가정을 깨뜨리는 얘기를 들으면 가슴이 미어집니다. 이 땅의 수많은 가정이 이런저런 이유로 깨어져 아픔을 겪고 있습니다. 주님, 우리로 하여금 그리스도의 사랑을 깨달아 그 사랑을 중심에 채워서 좋은 믿음, 바른 믿음 위에 가정을 세우게 하옵소서. 모든 가정이 살아서 경험하는 천국 되게 하여 주옵소서. 예수님의 이름으로 기도합니다.

QnA.

Q 저는 모태 신앙인으로 믿지 않는 남편을 만나 결혼한 지 17년 되었습니다. 여태껏 남편 구원을 위해 기도해 왔지만, 남편은 좀처럼 변하지 않고, 이제는 주일만 되면 일부러 골프 약속을 잡아 제 속을 박박 긁곤 합니다. 심지어 제가 섬기는 교회와 목사님을 욕하고, 안 믿는 자기가 그들보다 더 낫다면서 비난하기까지 해요. 어떻게 해야 남편이 구원받을 수 있을까요?

A 부부 관계에서 조심해야 할 것이 있습니다. 바로 사랑의 태도입니다. 나를 사랑한다고 아무리 얘기해 줘도 사랑이 느껴지지 않을 때가 있습니다. 사랑이란 무엇입니까? 나보다도 상대방을 낫게 여기는 마음, 그의 전 존재를 인정해 주는 것이 사랑 아닙니까? 말로는 사랑한다고 하는데, 태도로는 나를 존중하지 않을 때 우리는 사랑을 느끼지 못합니다.

뉴욕타임스 130주 최장기 베스트셀러로 기록된 게리 채프먼(Gary Chapman)의《5가지 사랑의 언어》를 보면, 대체로 남편의 제1 언어는 인정하는 말(Words of Affirmation)이라고 합니다. 즉 남편들은 존중받고 존경받는 것을 사랑으로 여긴다는 뜻입니다. 아내가 좋은 얘기를 많이 해 주고, 세심하게 챙겨 주어도 존중하는 마음이 느껴지지 않으면, 나를 사랑하지 않는구나 하고 여길 수 있습니다.

문제는 남편과 아내의 사랑의 언어가 서로 다르다는 것입니다. 오죽하면, 미국의 관계 상담 전문가 존 그레이(John Gray)가《화성에서 온 남자, 금성에서 온 여자》라는 책을 냈겠습니까? 서로 다른 별에서 온 게 아닐까 싶을 정도로 남자와 여자가 다릅니다. 이것은 옳고 그름의 문제가 아닙니다. 그냥 다른 것입니다. 여간해서는 하나 되기 어려울 정도로 다릅니다. 어떻게 해야 다름을 극복할 수 있습니까? 어떻게 해야 벽을 허물 수 있느냔 말입니다. 방법은 배려입니다. 사랑한다면, 그 사람이 원하는 것을 주어야 하지 않겠습니까?

정말 사랑해서 결혼했고, 17년을 함께 살았으면, 사랑 때문에라도 남편이 조금은 변했어야 하지 않나 하는 생각이 듭니다. 남편을 죽도록 사랑하십니까? 그리스도께서 십자가에서 죽으실 만큼 우리를 사랑하신 것처럼 사랑하느냐 말입니다. 사랑해서 결혼했어도 죽을 만큼 사랑하는 마음이 없으면, 우리는 상대방을 변화시키고자 하는 욕구에서 못 벗어납니다. 사람은 누구나 다른 사람이 나를 변화시키려고 하면 방어하기 마련입니다. 상대방이 나를 변화시키고자 하는 만큼 거세게 저항하게 돼 있습니다.

사람은 언제 변화합니까? 누군가가 나를 전인격적으로 받아 주고 사랑할 때, 사랑하고, 사랑하고, 또 사랑할 때 변합니다. 그러면 어느 날 문득 "당신이 다니는 그 교회, 나도 한번 가 볼까?" 하는 말을 듣게 됩니다. 실제로 그런 얘기를 들은 사람이 있습니다.

17년간 기도를 안 한 것도 아니고, 남편을 사랑하지 않은 것도 아닐 것입니다. 그러나 혹시 남편을 대하는 방식이 조금은 달랐어야 하지는 않았는지 한번 돌아보십시오. 대개 아내들은 남편이 교회를 낯설어하고, 설교도 못 알아들어 답답해하는데도 주일마다 교회에 가야 한다고 잔소리하고, 설교를 잘 들으라며 예배당 한가운데 앉힌단 말입니다. 매번 불편하고 기분 나빠지는 거죠. 배려가 하나도 없는 태도입니다. 배려 없음이 가장 큰 문제라고 생각합니다.

"하지만 남편이 교회도 안 다니면서 목사님과 성도들을 욕하는 건 잘못된 것 아닙니까?" 하고 물을 수 있습니다. 그러나 부부간의 대화와 옆집 사람과의 대화는 달라야 하지 않습니까? "교회의 교자도 모르는 사람이 감히 우리 목사님을 욕해?" 하고 싸운다면, 이것이 부부간에 올바른 대화입니까? "어머! 당신은 교회도 안 다니는데, 어떻게 그렇게 잘 알아? 여보, 솔직히 나도 화날 때가 있어. 그런데도 다니잖아. 왜 다니겠어? 좋은 점이 더 많아서 그러지 않겠어? 당신이 직접 겪어 봐야 진짜 교회가 뭔지 알지"라고 마음 상하지 않게 응대하는 것이 지혜롭지 않겠습니까?

남편이 교회와 목사를 욕하는 건 오히려 관심과 기대가 있기 때문이라고 생각합니다. 그러니까 "교회가 왜 그래? 목사가 왜 저래?" 하는 것입니다. 관심이 없으면, 욕할 것도 없습니다. 그러므로 남편이 목사를 욕하거든 아내는 남편 편을 들어주십시오. 목사가 남편도 아닌데, 왜 목사 편을 들고 남편을 나무랍니까? 어떤 남편이 섭섭하지 않겠습니까?

배우자가 나를 비난할 때, 이유를 따져 묻거나 논리적으로 공격할 게 아니라 공감해 주는 것이 중요하다고 생각합니다. 이것이 부부간의 존중 아니겠습니까? 사도 바울은 "이와 같이 남편들도 자기 아내 사랑하기를 자기 자신과 같이 할지니 자기 아내를 사랑하는 자는 자기를 사랑하는 것이라"(엡 5:28)고 말했습니다. 이것은 남편뿐 아니라 아내도 해당하는 말입니다. 즉 아내를 사랑하는 게 자기를 사랑하는 것이고, 남편을 사랑하는 게 자기를 사랑하는 것이란 뜻입니다.

공감이 없으면, 대화는 늘 평행선을 달릴 뿐입니다. 사랑하는데도 공감이 안 된다고 하면, 내 사랑이 가짜라는 걸 빨리 인식해야 하는데, 나는 사랑하는데 저 사람이 사랑하지 않아서 그렇다고 착각한단 말입니다. 무엇보다도 부부간에 서로 공감할 수 있도록 노력해야 합니다.

Q 저는 현재 미혼이지만, 만약에 남편이 나를 배려하지 않는 사람이라면, 남편을 위해 기도하면서 기도가 응답될 때까지 고통 속에서 눈물 흘리며 살아야 할까요? 이런 고통을 겪을까 봐 너무 두렵습니다. 결혼을 포기해야 할지 고민될 정도입니다.

A 우선, 하나님이 좋은 배우자를 주실 것을 정말로 믿으시길 바랍니다. 그리고 그때를 기다리며 좋은 아내가 될 준비를 차근차근히 해 나가십시오.

저는 결혼 상담뿐 아니라 이혼 상담도 많이 합니다. 이혼 상담을 청하는 사람은 대개 마음이 이혼하는 쪽으로 기울어진 상태로 옵니다. 솔직히 얘기하면 좀 더 마음 편하게 이혼하기 위해서 목사의 격려를 받고자 찾아오는 것입니다. 목사가 "그렇게 못 살겠으면, 이혼하십시오" 하고 말해 주면 편할 텐데, 저는 그렇게 쉽게 말해 주지 않습니다.

다만 몇 가지 예외 사항은 있습니다. 가정 폭력이나 중독 문제 때문에 이혼하려는 것은 말릴 수가 없습니다. 누가 살아라 말아라 할 수 없습니다. 겪어 보지 않은 사람이 그 처절한 고통을 어떻게 이해합니까? 사실, 그런 고통을 겪으면서도 끝내 남편을 구원에 이르게 했다는 간증이 없지는 않습니다만

그럼에도 불구하고 목사가 무조건 참고 살라는 말을 쉽게 할 수는 없습니다.

그래서 저는 결혼하기 전부터 준비를 제대로 하라고 조언하곤 합니다. 요새는 한번 보면, 오래 못 살 것 같은 예비부부가 보이기도 합니다. 우려스러운 마음에 슬쩍 떠보지만, 이미 마음을 정한 뒤라 아무리 에둘러 말해 줘도 기어코 결혼하고는 아니나 다를까 얼마 못 가서 헤어지곤 합니다.

진심으로 조언하건대, 결혼을 마음먹기 전에 배우자감을 인생의 선배나 멘토나 어른들에게 한번 보여 주는 것이 좋습니다. 결혼생활을 오래 하신 분들과 만나서 같이 얘기하고 식사하는 시간을 가질 필요가 있습니다. 사랑이란 감정이 오래가지 않는다는 것이 늘 문제입니다. 제발 감정이 결정하게 하지 마십시오.

결혼의 목적은 내 행복이 아닙니다. 내 행복을 목적으로 삼은 결혼치고 실패 안 한 결혼이 없고, 불행하지 않은 결혼이 없습니다. "무슨 일을 하든지 마음을 다하여 주께 하듯"(골 3:23) 하라고 하지 않았습니까? 결혼도 마찬가지입니다. 하나님의 영광을 위해서 하는 결혼은 반드시 성공하고, 그로써 풍성한 열매를 맛보게 됩니다.

그러나 믿지 않는 사람과 결혼해야겠다면, 한 영혼을 구원하기 위해서는 자기 목숨을 내놓을 정도의 결단이 있어야만 한다는 사실을 기억해야 합니다. 한마디로 순교를 무릅쓰고 가는 겁니다. 이것이 가족 구원이 어려운 이유입니다. 언젠가 되겠지 하고 하염없이 미루다가 결국 낭패를 본 집이 많습니다.

사도 바울이 사랑에 관해 내린 결론은 "그런즉 믿음, 소망, 사랑, 이 세 가지는 항상 있을 것인데 그중의 제일은 사랑이라"(고전 13:13)입니다. 믿음과 소망과 사랑은 분리되지 않는다는 뜻입니다. 사랑하는 사람을 만나면 소망이 생기고, 그 사람과의 관계가 지속되려면 믿음이 자라야 합니다. 믿음이 자라는 만큼 사랑이 자라나고, 사랑이 성숙한 만큼 믿음도 성숙하게 돼 있습니다. 그만큼 신앙과 사랑이 같이 간다는 것을 알 수 있습니다. 그러므로 부부가 같은 신앙을 가지는 것은 매우 중요합니다.

The Cross

부부지간은 인격을 성숙시키는

훈련장과도 같습니다. 내 안에 내 사랑이 아닌

그리스도의 사랑이 차고 넘쳐야만

부부간에 사랑이 가능합니다.

스스로 자기를 낮추어 죽기까지 복종하신

십자가 사랑이 필요합니다.

PART 3.

가정과 교회, 불가분의 관계

그러므로 교회가 그리스도에게 하듯 아내들도 범사에 자기 남편에게 복종할지니라 남편들아 아내 사랑하기를 그리스도께서 교회를 사랑하시고 그 교회를 위하여 자신을 주심같이 하라

| 엡 5:24-25 |

하나님 아버지, 교회 됨이 무엇인지를, 또 우리 가정은 교회와 무슨 연관이 있는지를 가르쳐 주옵소서. 교회는 우리에게 기쁨을 주었지만, 때로는 회복할 수 없는 상처와 고통과 눈물을 주기도 하였습니다. 진정한 교회란 무엇이기에 우리를 들끓게 하고, 열정을 불사르게 하고, 때로 멀리 떠나고 싶은 마음으로 가득 차게 하는가를 고민하는 시간을 허락해 주셔서 감사합니다. 말씀 가운데 길을 발견하게 하시고, 빛을 보게 하시고, 은혜를 경험하게 하옵소서. 예수님의 이름으로 기도합니다.

하나님은 우리에게 두 가지 선물, 곧 가정과 교회를 주셨습니다. 만일 가정에 아무 문제가 없었다면, 이 땅에 교회가 생기지 않았을 수도 있습니다. 즉 가족 공동체만으로도 하나님의 뜻이 이 땅에서 이루어지고, 하나님 나라가 이루어졌다면, 굳이 교회를 허락하실 이유가 없었다는 뜻입니다.

최초의 가정은 아담과 하와로 이루어졌습니다. 그런데 뱀의 유혹으로 아담과 하와가 타락했고, 그로 인해 가정이 병들게 되지 않았습니까? 하나님이 왜 그 아들 예수 그리스도를 이 땅에 보내시어 교회를 허락하셨는지를 한번 깊이 생각해 보십시오.

부부 싸움의 배후

태초에 하나님은 흙으로 아담을 지으셨고, 아담의 갈빗대로 하와를 만드셨습니다. 그러고는 두 사람이 합하여 한 몸을 이루게 하셨습니다(창 2:24). 그러므로 타락한 세상에서 남자와 여자가 가정을 이룬다는 것은 한 인간이 자기 일부를 되찾음으로써 온전함을 이루는 과정에 들어감을 의미합니다. 즉 하나님은 한 남자와 한 여자가 부부가 됨으로써 각자가 한 인간으로서 완성되어 가도록 퍼즐을 만드셨다는 뜻입니다. 결혼은 퍼즐 맞추기의 시작입니다. 가정은 인간이 하나님의 형상을 회복하고 성숙해 가는 놀라운 변화를 경험할 수 있는 안전 지대인 것입니다.

가정은 인간이 타락하기 전까지는 아무 문제가 없었습니다. 세상에도 악영향을 끼치지 않았지요. 그런데 뱀으로 변장한 사탄의 유혹으로 인간이 타락함으로써 가정이 뿌리째 흔들리게 되었습니다. 아무도 자기주장을 하지 않는 평온했던 곳에 균열이 생기고 말았습니다. 부부가 서로의 허물을 탓하며 질책하기 시작했습니다. 소위 말하는 부부 싸움이 시작된 것입니다.

부부 싸움을 사소한 것으로 여기지 마십시오. 대부분 부부가 서로 성격이 안 맞아서 자주 다툰다고 생각합니다. 정말로 그렇습니까? 아닙니다. 딱 들어맞아서 결혼한 사람이 얼마나 될까요? 부부간에는 원래 성격 차이가 있기 마련입니다. 애초에 우리는 서로 다른 점에 끌려서 사귀다가 결혼했습니다. 그러니 성격이 달라서 못 살겠다고 얘기해선 안 됩니다. 서로 성격이 다른 것을 처음부터 몰랐습니까? 알았는데, 무슨 핑계를 댈 수 있겠습니까?

부부 싸움 뒤에는 사탄의 계략이 있음을 깨닫기까지 저도 오랜 시간이 걸렸습니다. 가정을 흔드는 여우가 있습니다. 가정에 분란을 일으키는 영적인 배후가 있다는 뜻입니다. 이걸 몰라서 부부 싸움을 하면 늘 서로를 탓합니다. 부부 싸움은 둘이 아닌 셋이 하는 것입니다. 사탄은 둘이 싸운다고 믿게 만들곤 하지만, 사실 사탄에 의해 조종당하는 것입니다.

가정이 회복되지 않으면, 우리는 진정한 구원을 경험하지 못합니다. 그래서 하나님은 무너진 가정을 일으켜 세우기 위해 교회를 세우셨습니다. 가정은 예수 그리스도께서 교회를 사랑하심같이 서로 사랑함을 회복함으로써, 곧 가정의 교회 됨을 통해서 이 땅 가운데 구원의 역사를 완성해 갑니다. 이것이 하나님의 놀라운 계획입니다.

사탄에게는 가정과 교회를 뒤흔드는 것보다 더 중요한 일이 없습니다. 그래서 우리 가정을 허물어 버리는 것이 제일 목표이고, 우리 교회를 뒤흔들어서 교회가 이 땅 가운데 희망이 아닌 고통이 되도록 하는 것이 그다음 목표입니다. 그러나 가정과 교회가 이 세상을 지키고 버티게 하는 두 기둥임을 잊지 마십시오.

어떻게 해야 하나님이 주신 가정을 바로 세울 수 있습니까? 성경은 "그리스도를 경외함으로 피차 복종하라 아내들이여 자기 남편에게 복종하기를 주께 하듯 하라"(엡 5:21-22) 고 말합니다. 피차 복종해야 합니다. 그런데 아내들에게 먼저 말합니다. 순서가 있다는 것입니다. 순서가 뒤바뀌는 것은 타락의 전조입니다. 모든 혼란은 순서가 뒤바뀌는 데서 야기되기 때문입니다. 먼저 해야 할 일을 하지 않으면, 일이 꼬여서 나중에 풀기가 어려워집니다. 먼저 생각해야 할 것을 하지 않으면, 타락이 시작되는 것과 같습니다.

예를 들어서, 남편의 타락은 무엇입니까? 아내를 먼저 생각해야 하는데, 다른 사람을 먼저 생각하는 것입니다. 교사의 타락은 무엇입니까? 학생을 먼저 생각해야 하는데, 교장의 눈치를 먼저 살피는 것입니다. 목사의 타락은 무엇입니까? 말씀을 먼저 생각해야 하는데, 자기주장을 먼저 펼치는 것입니다. 교회의 타락은 무엇입니까? 예수님을 먼저 생각해야 하는데, 교인 수를 먼저 헤아려 보는 것입니다. 이처럼 무엇을 먼저 하느냐가 중요합니다.

하나님이 남편보다 아내에게 먼저 얘기하셨다는 사실에 주목하십시오. 그것도 "자기 남편에게 복종하기를 주께 하듯 하라"라고 말씀하십니다. 어떤 아내가 남편에게 순종합니까? 이 구절의 '복종하다'라는 단어에는 '기꺼이' 복종한다는 의미가 담겨 있습니다. 얻어맞을 것 같으니까 억지로 복종하는 게 아닙니다. 맹목적인 복종이나 굴종이 아닙니다. 온 마음으로 받아들여 기꺼이 복종하기로 결정하는 것입니다. 심지어 "주께 하듯 하라"라고 하시지 않습니까? 이것은 주님의 명령입니다. 주님의 명령은 해도 그만, 안 해도 그만인 것이 아닙니다.

기억하십시오. 하나님이 세우신 가정의 원리가 회복되어야 한다면, 그 출발점은 무엇입니까? 아내가 남편에게 순종하는 것입니다. 저는 여기서 시작된다고 믿습니다. 가정에서 순종 훈련이 되지 않으면, 교회에 와서 무슨 일을 할 수 있겠습니까? 하나님께 무슨 순종을 할 수 있겠습니까? 주님께 순종하기에 앞서 먼저 눈에 보이는 남편에게 순종하여 주께 하듯 하라는 것입니다.

이 세상에서 제일 어려운 것이 복종입니다. 인간에게는 복종이 어려운 것인데, 더 어려운 것이 순종입니다. 그래도 복종은 억지로라도 하면 되지만, 순종은 스스로 결단하지 않으면 안 되는 것이기 때문입니다. 복종이 어려운 이유가 무엇입니까? 우리가 죄인이기 때문입니다. 우리는 순종을 위해 태어난 사람들이 아닙니다. 죄인으로 태어났다는 것은 불복종하기 위해서 태어난 존재라는 뜻입니다. 그래서인지 세상은 사람들의 저항하는 태도에 더욱 호의적입니다. 저항, 불복, 항거 등의 단어에 더 많이 끌립니다. 우리는 무턱대고 자존심을 내세우며 티격태격 싸우고, 불복종을 다짐하곤 합니다.

그러나 주님은 아내들에게 자기 남편에게 복종하기를 주께 하듯 하라고 말씀하십니다. 이유가 무엇입니까?

> 이는 남편이 아내의 머리 됨이 그리스도께서 교회의 머리 됨과 같음이니 그가 바로 몸의 구주시니라 (엡 5:23)

남편이 아내의 머리이기 때문이라고 말씀하십니다. 머리란 '먼저'를 의미합니다. 즉 남편이 먼저라는 것입니다. 맞는 말씀입니다. 아담이 먼저고, 하와가 그다음에 창조되었으니 맞습니다. 교회가 머리 되신 예수 그리스도로부터 시작되었듯이, 가정은 남자라는 머리로부터 시작됩니다. 가정과 교회가 동일한 원리 위에 서 있다는 뜻입니다. 가정과 교회는 둘이 아닙니다. 같은 원리, 같은 원칙에 따라 작동하지 않으면 안 되는 곳입니다. 그래서 남편을 먼저 존중하라고 말씀하십니다. 우리는 이 말씀을 귀담아들어야 합니다.

심지어 하나님은 "교회가 그리스도에게 하듯 아내들도 범사에 자기 남편에게 복종할지니라"(엡 5:24)고까지 당부하십니다. 범사란 무엇입니까? 모든 일을 의미합니다. 즉 모든 일에 기꺼이 복종하라는 뜻입니다.

사실, 이런 가정은 찾아보기 힘듭니다. 그러나 어떻게 합니까? 현실이 어떠하든지 우리는 99가지 잘못된 것을 기준으로 살아가는 사람이 아니라 단 하나라도 바른 기준을 선택해야 하는 사람들 아닙니까? 99명이 뇌물을 받더라도 그것이 우리의 기준이 될 수 없고, 뇌물을 받지 않는 청렴한 한 사람을 우리는 기준으로 삼아야 합니다. 이처럼 세상과 우리의 기준은 다릅니다. 병든 가정, 부부 싸움하는 가정, 날마다 티격태격하는 가정을 기준삼을 수 없습니다. 성경은 아내가 범사에 남편에게 순종하는 가정이 기준이라고 말합니다. 하나님은 그것을 구원의 기준으로 삼으십니다.

그렇다면 하나님이 남편들에게는 뭐라고 말씀하십니까? "남편들아 아내 사랑하기를 그리스도께서 교회를 사랑하시고 그 교회를 위하여 자신을 주심같이 하라"(엡 5:25)고 말씀하십니다. 사랑할 만하니 사랑하는 것이 아닙니다. 아내가 사랑스러울 때, 사랑하라는 것도 아닙니다. 아내를 사랑하기로 결단하라고 요구하시는 겁니다. 어떤 조건이나 환경이나 상황과 관계없이 무조건 사랑하라는 것입니다. 교회도 가정과 동일한 원리 위에 서 있습니다. 주님이 우리를 사랑하기로 결단하셨기에 교회가 탄생할 수 있었음을 기억하십시오. 사랑받을 만한 사람들이 모여서 교회가 된 게 아닙니다.

아내를 향한 남편의 사랑은 그리스도께서 교회를 위하여 자신을 내주신 것과 같은 사랑이어야 합니다. 그러나 잘못 생각하는 사람이 얼마나 많은지 모릅니다. 돈을 많이 벌어다 주는 것이 사랑입니까? 결혼기념일을 잘 챙기는 것이 사랑일까요? 정말 그렇다고 믿습니까? 아닙니다. 진짜 사랑은 자기 전부를 내주는 것입니다. 온 마음을 주는 것이지 쪼개거나 나눠서 주는 것이 아닙니다. 이 사람도 사랑하고, 저 사람도 사랑한다는 것은 말이 되지 않습니다. 우리는 인격적으로 나눠질 수 없는 존재입니다.

하나님이 지나친 것을 요구하시는 것 같습니까? 아닙니다. 바로 주님이 그런 사랑을 하시는 분입니다. 주님의 사랑은 찌꺼기를 주거나 조금 남는 부분을 떼어서 주는 것이 아닙니다. 피와 살을 온전히 내주시는 사랑입니다. 우리는 그 사랑을 온전히 받아야 회복됩니다. 그래야 우리도 누군가를 진정으로 사랑할 수 있습니다. 그래서 결혼하기 전에 예수님의 사랑을 깨닫고, 사랑하는 것이 너무나 중요한 일입니다.

대한민국의 남편과 아버지는 대부분 가족보다는 일을 더 중요하게 생각합니다. 다들 가족을 위해서 일한다고 주장합니다만, 사실 따지고 보면 궁극적으로는 자기 욕심이 아닙니까? 아내들은 여간해서는 속지 않습니다.

어느 날 아내가 남편에게 이혼장을 내밀면, 남편은 아내가 왜 갑자기 헤어지자고 하는지 이유를 모르겠다고 하소연합니다. 그러나 아내는 남편이 미친 듯이 열심히 일한 이유가 다 본인 자신을 위한 것이었음을 꿰뚫어 본 것입니다. 가정에 필요한 것은 돈이 아닌 사랑입니다. 자녀들에게 필요한 것이 과연 엄마의 학원 정보력, 할아버지의 자금력, 아버지의 무관심입니까? 자녀는 아빠와 엄마를 원할 뿐입니다. 가정이 병든 이유가 여기에 있습니다. 각자 자기 식대로 사랑하고, 그것을 받아 달라고 요구하기 때문입니다. 이런 사랑은 가정을 병들게 합니다.

하나님은 무너지고 부서지고 타락하여 회복할 수 없는 지경에 이른 가정들을 교회를 통해 만물로 충만케 하시는 하나님의 충만으로 다시 회복시킵니다. 이것이 하나님의 의도입니다. 그러므로 교회의 교회 됨을 통해서 가정이 회복됨을 경험해야 합니다. 가정과 교회가 다시 살아남으로써 세상이 구원에 이르도록 하는 하나님의 놀라운 섭리를 발견해야 합니다. 교회는 하나님 나라의 방편이요 가정은 하나님 나라의 방법(way)입니다. 교회와 가정이 회복되지 않고는 하나님 나라로 갈 수가 없습니다.

인간은 하나님이 오셔야 회복되고, 가정도 하나님이 오셔야 회복됩니다. 하나님이 계신 그곳이 곧 가정이며 교회입니다. 하나님은 가정 같은 교회, 교회 같은 가정을 이 땅 가운데 세우고자 하십니다. 그러므로 모든 그리스도인의 가정이 교회처럼 되기를 바랍니다. 가정이 진정한 교회가 될 때, 상상할 수도 없는 기적을 경험하게 될 것입니다.

저는 주님이 우리에게 아내 됨과 남편 됨의 본질을 교회 됨에서 찾으라고 말씀하신다고 믿습니다. 그리스도께서 교회를 사랑하시듯 서로 사랑할 때, 비로소 피차 복종할 수 있습니다. 그때 그리스도께서 교회를 위하여 자신을 내주심같이 부부도 서로를 위해 자기를 내주는 존재가 됩니다. 그리하여 가정과 교회는 '교집합'이 아닌 '합집합'을 이루게 됩니다.

교집합이란 자기를 고집하고 자기를 주장하는 사람들 간에 취할 수 있는 지극히 작은 합을 의미합니다. 그러므로 자기를 주장하면 할수록 교집합은 줄어들기 마련입니다. 그러나 합집합은 서로 사랑하고, 존중하고, 상대방을 위해 자신을 오롯이 내주는 것입니다. 가정이 합집합을 이룰 때, 상대방에게 나처럼 되라고 닦달하거나 상대방을 내 편으로 끌어들이려고 노력하지 않아도 하나의 공동체를 이룰 수 있는 놀라운 일이 일어납니다. 이것이 하나님이 가정과 교회를 통해서 세상을 구원하시는 방식입니다.

그러니 배우자와 자녀를 내 뜻대로 바꾸려고 애쓰지 않기를 바랍니다. 부부는 원래 성격이 판이한 사람들입니다. 도저히 접점을 찾지 못할 수도 있습니다. 하지만 다름이 축복이라는 사실을 믿으시길 바랍니다. 하나님은 서로 다름에도 한 몸을 이루는 부부를 축복하십니다. 너무나 다른 두 존재가 함께하는 것은 교회의 원리요 가정의 원리입니다.

아내가 남편을 바꾸려 하지 않고 순종하면, 그 남편이 존경할 만한 사람이 아니어도 언젠가 존경할 만한 사람으로 변해 있음을 경험하게 될 것입니다. 남편이 보기에 자기 아내가 사랑스럽지 않더라도 사랑하기로 결단하고 날마다 사랑을 고백하면, 정말로 사랑스러운 여인으로 변화하는 것을 목격할 것입니다.

사랑이 두려움을 내쫓는다

성경은 사랑이 "모든 허물을" 가린다고 말합니다(잠 10:12). 가린다는 것은 마치 없는 것처럼 눈감아 준다는 뜻이 아니라 덮어 준다는 뜻입니다. 남편의 허물, 아내의 허물이 있다면, 덮어 주십시오. 하나님이 나로 하여금 그 허물을 보게 하신 것은 부족한 부분을 보완하여 도우라고 하신 뜻이지 그것을 지적하거나 정죄하고 질책하라는 뜻이 아닙니다. "사랑 안에 두려움이 없고 온전한 사랑이 두려움을"(요일 4:18) 내쫓는 법입니다.

왜 두렵습니까? 우리가 두려워한다면 온전한 사랑을 이루지 못했기 때문입니다. 우리 안에 차오르는 근심이나 염려나 두려움은 그냥 내쫓아지지 않습니다. 그런데 이상하게도 사랑이 차오르면, 두려움은 저절로 빠져나가는 것을 경험하게 됩니다.

가정에서도 이것을 경험하라고, 하나님이 남편에게 어떻게 하십니까? 먼저 "물로 씻어 말씀으로 깨끗하게 하사 거룩하게"(엡 5:26) 하십니다. 즉 세례를 받고, 날마다 말씀으로 깨끗함을 입고 거룩해지라는 말씀입니다. 사람의 힘으로는 깨끗해질 수 없습니다. 우리에게는 거룩하게 될 능력이 없기 때문입니다.

마지막으로 남편들에게 이렇게 말씀하십니다.

> 이와 같이 남편들도 자기 아내 사랑하기를 자기 자신과 같이 할지니 자기 아내를 사랑하는 자는 자기를 사랑하는 것이라 (엡 5:28)

사랑의 완성은 누군가를 사랑하는 것에서 시작됩니다. 특별히 아내를 자기 사랑하듯 사랑하면, 진정한 자기 사랑이 완성됩니다. 내가 나를 사랑해서는 그런 일이 일어나지 않습니다. 남편이 아내를 사랑하면, 가정과 가족을 사랑하면 그때 사랑의 완성을 보게 됩니다.

기억하십시오. 가정과 교회는 동일한 원리 위에 서 있습니다. 가정 같은 교회, 교회 같은 가정이야말로 하나님이 이 땅에 세우신 구원의 방주입니다. 우리 자신은 가정과 교회의 주인이 될 수 없음을 명심하십시오. 하나님이 친히 가정과 교회를 지으시고 세우셨으므로 주인은 오직 하나님뿐입니다. 그 머리는 예수님이 되시고, 운행은 성령님이 하십니다.

만약 가정이나 교회에 문제가 있다면, 지금 내가 머리 노릇하고 있기 때문입니다. 최소한 머리가 되려고 생각하고 있기 때문입니다. 그 욕심을 내려놓고, 주님을 다시 보좌로 모시기 바랍니다. 그러면 문제가 사라지고, 회복될 것입니다.

하나님 아버지, 가정과 교회가 동일한 원리 위에 서 있음을 알게 하옵소서. 아내 됨, 남편 됨의 본질을 교회 됨에서 찾게 하시고, 그리스도께서 교회를 위하여 자신을 내주셨던 것처럼 저도 제 배우자를 위해 자신을 기꺼이 내줄 수 있게 하옵소서. 그때 가정과 교회는 '교집합'이 아닌 '합집합'을 이룬다고 하셨습니다. 서로 다른 것을 향하던 관점의 변화가 있게 하시고, 그 다름을 비난하거나 정죄하지 않고, 감격하며 감사하게 하옵소서. 사랑으로 허다한 허물을 덮고, 두려움을 쫓아 내며 살게 하옵소서. 하나님이 우리 교회와 가정에 늘 좌정하여 주시기를 원합니다. 예수님의 이름으로 기도합니다.

QnA.

Q 부부는 어디까지 한 몸을 이루어야 할까요?

A 어느 크리스천 부부가 상담 신청을 해 왔습니다. 아내가 남편을 보면, 이 사람이 하나님의 형상이 맞나 의심이 들 때가 한두 번이 아니라고 하소연했습니다. 한번은 친정에 문제가 생겼는데, 남편이 함께 해결해 주길 기대했는데, '이 인간'이 "네 집안일이니 네가 알아서 해결해라"라고 말했다는 겁니다. "대체 이 사람을 어떻게 대하면 좋을까요?" 하고 묻더군요.

첫째, 이 부부는 평소에도 개인의 영역과 부부 공동의 영역을 구별한다고 합니다. 그러나 부부라면 모든 걸 공유하는 게 맞습니다. 그러려면 많은 대화가 필요합니다. 남자와 여자가 서로의 인생에 초대하고, 그 초대를 받아들인 이상 삶을 공유해야 합니다. 한마디로 공분모를 가진 영역이 많아져야 한다는 뜻입니다. 직무상 비밀을 제외하곤 웬만한 일상은 공유하는 것이 좋습니다. 바깥일이라도 궁금해하는 부분이 없도록 설명해 주어야 합니다. 또 집안일도 크든 작든 시시콜콜 나누는 것이 어떤 노력보다도 중요합니다. 평소에 그 정도로 대화해야 피차 비밀이 없게 되고, 나중에는 굳이 얘기하지 않아도 눈빛만 봐도 알게 되기 때문입니다.

둘째, 요새는 시댁이니 친정이니 하는 개념이 없습니다. 그냥 두 사람 모두에게 똑같이 부모가 하나씩 더 생긴 셈입니다. 친정이든 시댁이든 도움이 필요하면 두 사람이 이견 없이 한마음으로 도우면 됩니다. 서로 속여서는 안 됩니다.

셋째, 요즘 젊은 부부들은 각자 자기가 번 대로 관리한다고 하더군요. 서로 수입을 감추고, 필요한 부분만 공유하기도 한다는데, 그렇게 사는 것은 전혀 바람직하지 않습니다. 재물에 묶여 있다는 것 자체가 어떻게 보면 사탄의 계략에 이미 말려들었다는 증거입니다. 재물은 내 것이 아니고, 다 하나님의 것 아니겠습니까? 하나님의 것을 하나님 앞에서 투명하게 공개하고, 그것을 부부가 어떻게 지혜롭게 꾸려 갈 것인가를 의논하고 한 방향으로 나아가는 것이 중요합니다. 아무리 감춰 봤자 함께 누릴 기쁨에 비하면 얼마나 되겠습니까?

넷째, 가정 문제를 들여다보면, 대개 둘 중 하나인 경우가 많습니다. 돈 문제 아니면 성 문제입니다. 성은 성결해야 합니다. 부부 사이에서는 내 몸은 내 몸이 아닙니다. 결혼은 나는 상대방에게 몸과 마음이 속한 존재가 되었음을 선언하는 행위이기 때문입니다. 그러니까 자기 마음대로 해서는 안 됩니다. 돈이든 몸이든 어떤 욕망이든 오롯이 한 사람 것일 수는 없습니다. 두 사람이 투명한 만큼 잘살게 되는 법입니다.

저는 제 핸드폰이란 게 없습니다. 아내가 마음대로 볼 수 있습니다. 제가 남몰래 못된 짓을 하고 다니지는 않으니까 가능합니다. 아내가 성도한테라도 하트를 함부로 날리지 말라고 하면 안 합니다. 또 나이 칠십이 넘어도 남자는 남자이니 오해받을 짓을 하지 말고 조심하라고 하면 저는 "그래, 맞다. 맞아. 남자는 숟가락 들 힘만 있어도 실수한다는데, 당신 말이 맞아요." 하고 수긍합니다. 나이 들수록 배우자의 조언과 도움을 받아야 한다는데, 저도 예외일 수 없지 않겠습니까?

한번은 부부간의 대화가 왜 항상 교훈으로 끝날까 하는 의문이 들었는데, 문득 세상에 어떤 사람이 저렇게 쉬지 않고 나를 염려해 줄까, 누가 내 인생에 마르지 않는 샘처럼 관심을 기울일까 하는 생각이 드니 고마움이 새롭게 다가왔습니다. 덕분에 "누가 우리를 그리스도의 사랑에서 끊으리요"라는 로마서 8장 35절 말씀이 이렇게 들렸습니다. "누가 나를 아내의 잔소리에서 끊으리요." 힘들긴 하지만, 솔직히 고마운 일입니다. 가장 가까이 있으니까 그리고 누구보다 사랑과 관심이 많으니까 지치지 않고 얘기해 주는 것이지요.

Q 신혼부부인데, 아내가 자꾸 부정적인 말을 내뱉고, 걸핏하면 화를 냅니다. 상당히 당황스러운데요. 아내 스스로 제어가 안 되는 것 같습니다. 그래서 이혼하고 싶은 마음이 들곤 하는데, 하나님은 어떻게 생각하실까요?

A 결혼 초부터 싸우기 시작하면, 참 힘들죠. 빨리 수습하지 않으면, 결과는 뻔합니다. 결국 신앙 안에서 해결하는 수밖에 없다고 보지만, 신앙이 좀 부족하더라도 진솔한 대화를 나누는 것이 도움될 것입니다.

피상적인 대화가 아닌 솔직하고 깊이 있는 대화를 나눔으로써 문제의 뿌리가 무엇인지를 찾아보는 것이 필요합니다. 문제는 대개 표면에서 불거지는데, 원인은 깊숙이 숨어 있는 경우가 많기 때문입니다. 각자 자기 내면을 들여다보고, 솔직하게 고백하는 시간을 가져야 합니다.

평소에 대화를 자주 하는 것이 중요합니다. 일상의 사소한 대화가 작은 일 같지만, 굉장히 중요합니다. 단순히 브리핑하라는 것이 아닙니다. 상대방을 내 삶 속으로 초청하는 일이 바로 대화임을 기억하십시오. 부부간의 대화는 불필요한 요소가 아닙니다. 가정을 지키는 데 꼭 필요합니다. 그러므로 보다 깊은 대화를 위해서 따로 시간을 내야만 합니다.

하나님이 왜 사도 바울을 통해 남편과 아내, 아내와 남편의 관계를 그리스도와 교회의 관계에 빗대어 말씀하셨는지를 다시금 새겨 보십시오. 결혼은 하나님의 지혜와 은혜가 필요한 거룩한 사역입니다.

Church

가정과 교회는 동일한 원리 위에 서 있습니다.

가정 같은 교회, 교회 같은 가정이야말로

하나님이 이 땅에 세우신 구원의 방주입니다.

가정과 교회의 주인을 오직 하나님으로 모시면

문제가 사라지고 회복될 것입니다.

PART 4.

결혼의 출발점과 완성

그런즉 믿음, 소망, 사랑, 이 세 가지는 항상 있을 것인데 그중의 제일은 사랑이라

| 고전 13:13 |

하나님 아버지, 믿음으로 살기가 어렵고 힘든 시대이기에 그리스도의 사랑을 날마다 확인하기를 원합니다. 예언하고, 방언하고, 내게 있는 모든 것으로 구제해도 사랑이 없으면 아무것도 아니라고 하셨습니다. 우리 안에는 사랑이 없습니다. 우리를 너무나 사랑하셔서 창에 찔리고 못이 박혀서 피 흘리시기까지 하신 주님, 우리에게 주의 사랑을 날마다 채워 주옵소서. 예수님의 이름으로 기도합니다.

요즘은 왜 갈수록 결혼하기가 더 힘들어지고, 왜 결혼 생활을 끝까지 하기가 점점 더 힘들어집니까? 뻔한 이야기 같지만, 사랑이 변해서 그렇습니다. 사랑과 관련하여, 제가 신약 성경을 처음 읽었을 때, 큰 충격을 주었던 이야기가 떠오릅니다. 예수님이 요단강에서 요한에게 세례를 받으시고, 물에서 올라오실 때의 장면입니다.

> 예수께서 세례를 받으시고 곧 물에서 올라오실새 하늘이 열리고 하나님의 성령이 비둘기같이 내려 자기 위에 임하심을 보시더니 하늘로부터 소리가 있어 말씀하시되 이는 내 사랑하는 아들이요 내 기뻐하는 자라 하시니라 (마 3:16-17)

어떤 신학자들은 이 장면을 대관식에 비유하기도 합니다. 당시 세상은 전혀 주목하지 않았지만, 이때 예수님은 세례를 통해 만왕의 왕으로서 보좌에 오르셨습니다. 그리스도의 대관식답게 하늘로부터 하나님의 음성이 들려옵니다. 일종의 축사라고도 할 수 있지만, 사실 인간 예수로서 이 땅에서 성취해야 할 사명의 시작을 알리는 의미가 더 크다고 할 수 있습니다. 왜냐하면 이때부터 시작하여 내리 3년간 공생애를 사실 것이기 때문입니다.

이때 하나님이 들려주신 내용이 한마디로 "아들아, 내가 너를 사랑한다"라는 것이 제게는 적잖이 충격적이었습니다. 이후로 예수님은 한 곳만 바라보고 달려가실 텐데, 그곳이 바로 골고다 언덕임을 알기 때문입니다. 왜 그곳을 향해 가십니까? 십자가에 못 박혀 죽으시기 위해서입니다.

결혼의 출발점이 잘못되었다

예수님은 어떻게 당신의 사명을 이룰 때까지 완주하실 수 있었을까요? 십자가의 죽음은 예수님도 감당하기 힘든 사명이었습니다. 겟세마네 동산에서 얼마나 간절히 기도하셨던지 "땀이 땅에 떨어지는 핏방울" 같이 되었고, 하늘에서 천사가 내려와 예수님께 힘을 더했습니다(눅 22:43-44). 결국 예수님이 십자가에 오르실 수 있었던 것은 무엇도 끊을 수 없는 하나님 아버지의 사랑이 있었기 때문이 아니겠습니까?

사도 바울도 마찬가지입니다. 그는 "누가 우리를 그리스도의 사랑에서 끊으리요 환난이나 곤고나 박해나 기근이나 적신이나 위험이나 칼이랴"(롬 8:35)라고 고백한 바 있습니다. 그는 그리스도의 사랑 때문에 로마에 가서 참수형으로 순교하고 말았습니다. 예수님이나 사도 바울이나 죽음을 불사하고 끝까지 내달릴 수 있었던 것은 바로 사랑의 힘 덕분입니다.

결혼도 결혼 생활도 매한가지라고 생각합니다. 애초에 쉬운 결혼이란 없습니다. 왜냐하면 결혼은 하나님이 인간에게 주신 가장 고귀한 선물이긴 하지만, 태초에 인간이 죄를 지었기 때문입니다. 죄인끼리 만나서 한평생 사이좋게 살기가 쉽겠습니까? 원수라는 말이 자연스럽게 튀어나옵니다. 죄인이기에 결혼이 어려운 것입니다. 죄인이 아니라면, 결혼이 힘들리가 없습니다. 그럼에도 불구하고, 결혼에 이르게 하는 힘, 결혼 생활을 완주하게 하는 힘이 어디서 나오는가를 곰곰이 생각해 보길 바랍니다.

사실, 요즘은 결혼 자체를 잘 하질 않습니다. 불과 50여 년 전만 해도 때가 되면 자연스럽게 결혼해야 하는 줄로 알았습니다. 그런데 왜 지금은 결혼하는 걸 굉장히 부담스러워하고, 심지어 가능하면 안 하겠다고 하는 사람이 많아졌습니까? 독신의 은사를 받아서일까요? 독신주의자여서일까요? 아닙니다. 결혼을 준비하면서, 결혼 생활을 하면서 부딪히게 될 힘든 상황들을 감당할 능력이 없고, 기꺼이 감당하고자 자원하는 마음도 없기 때문입니다.

결혼은 누구를 위한 것입니까? 오늘날 사람들은 자기 자신을 위해 결혼한다고 말합니다. 그러니까 아무도 하고 싶어 하지 않는 것입니다. 혼자 있는 게 가장 편하기 때문입니다. 누군가를 만나서 서로 부대끼면서 맞추어 가며 사는 것도 힘들고, 자녀를 낳아서 기르는 것도 힘듭니다. 기쁨보다는 고통이 훨씬 더 커 보이니 기회비용이 지나치게 높게 느껴질 수밖에 없습니다. 결혼과 자녀 양육에 대해서 누구도 흔쾌하게 생각지 않는 시대가 되었습니다. 죄인 된 인간에게 결혼이란 그리스도 안에서 의로움으로 살아갈 기회를 주는 복된 선물인데, 그 의미를 놓친 채 살아갑니다. 그로 인해 세상은 스스로 파국을 향해 질주하는 것만 같습니다.

무엇이 문제입니까? 결혼의 출발점이 잘못되었습니다. 결혼은 나를 위한 것이 아니라는 데서 출발해야 합니다. 왜 나를 위한 것이 아닐까요? 죄인의 목적은 나를 기쁘게 하는 것입니다. 그러나 나를 기쁘게 하는 데는 끝이 없는 법입니다. 나를 온전히 만족시킬 방법이 없습니다. 그런데도 자기만족이 삶의 기준이요 행복이라고 믿으니까 문제입니다.

본래 인간은 그렇게 디자인되지 않았습니다. 인간은 자기가 사랑하는 사람이 행복해할 때, 진정한 행복과 기쁨을 맛보게끔 디자인되었단 말입니다. 하나님이 그렇게 만드셨습니다. 태초에 하나님은 "사람이 혼자 사는 것이 좋지 아니하니 내가 그를 위하여 돕는 배필을 지으리라"(창 2:18)고 말씀하시고, 남자와 여자가 자기 부모를 떠나 합하여 둘이 한 몸을 이루게 디자인하셨습니다(창 2:24). 인간은 본질적으로 공동체를 이루도록 지어졌습니다.

게다가 결혼이라는 제도 자체가 인간이 고안해 낸 것이 아니라 하나님이 주신 것 아닙니까! 하나님이 처음부터 부부 중심의 공동체를 이루게 하신 것은 부부 관계를 기초로, 인간은 타인을 배려하고 사랑하며 섬길 때 기쁨과 만족과 행복을 누리는 존재임을 배우게 하기 위함입니다. 이것이 인간의 기본값이란 말입니다. 죄악으로 인해 그 기본값이 깨져 버렸는데, 깨진 채로 결혼제도를 작동시키려니까 갈수록 더 불행해질 수밖에 없습니다.

가정의 기본값은 무엇입니까? 사랑입니다. 가정은 사랑으로 완성되게끔 되어 있습니다. 무엇으로도 가정을 행복하게 하거나 완성에 이르도록 할 수 없습니다. 결혼은 사랑으로 충분합니다.

사랑은 무엇인가

오늘날은 단어의 오염이 심해서 본뜻을 상실하거나 잘못 쓰이는 경우가 많습니다. 오늘날처럼 사랑이란 단어를 쓰기 어려운 시대가 없었습니다. 얼마나 망가졌는지 입에 올리는 것조차 조심스럽습니다.

그러니 사랑의 정의를 다시 살펴볼 필요가 있습니다. 사랑이 무엇입니까? 우리는 예부터 동사 위주의 사고를 해 왔기에 '사랑' 하면, '사랑하다'라는 행위를 떠올리지만, 명사 위주의 사고를 하던 헬라 사람들은 사랑의 개념을 다양한 어휘로 표현했습니다. 그중 대표적인 것이 '아가페'입니다.

사실, 아가페는 당시에 흔히 쓰이던 단어가 아니었습니다. 예수 그리스도께서 인간의 죄를 대신 짊어지고 십자가에서 죽으신 그 사랑을 무엇으로도 표현할 수가 없었던 사도와 제자들은 헬라어 단어 중에서 하나를 골랐는데, 그것이 바로 아가페입니다. 정작 헬라인들은 필리아나 아가페나 별 차이 없이 사용했는데, 예수님의 제자들은 사랑할 만한 가치가 없는 인간을 향한 예수님의 무조건적인 사랑을 특별히 구별하기 위해서 아가페의 기존 개념을 조금 더 분명히 하고, 신적인 사랑의 특성을 보태어 십자가의 사랑을 묘사하기로 했습니다. 그리하여 지금은 인간을 향한 무조건적인 사랑을 가리켜 아가페라 부르게 된 것입니다.

이타적인 사랑이라면 아가페 말고도 '스토르게'라는 단어가 있었지만, 이것은 부모와 자식 간에 본능적이며 헌신적인 사랑을 의미했기에 십자가의 사랑을 정의하기엔 부족했습니다. 자녀를 향한 부모의 사랑은 자기 목숨을 걸 정도로 헌신적이고 희생적이긴 하지만, 온 인류를 위해 자기 목숨을 내놓으신 그리스도의 사랑과는 그 차원이 다르기 때문입니다.

헬라인이 아가페와 구분 없이 사용했다는 '필리아'는 형제간이나 친구 간의 사랑과 우정, 곧 형제애 또는 우애라고 할 수 있습니다. 이것 또한 어떤 관계를 전제로 하는, 말 그대로 그럴 만한 이유가 있는 사랑이므로 아가페와는 다르지요. 그다음에 사랑을 표현한 헬라어 중에 가장 많이 들어 봤을 법한 단어로 '에로스'가 있습니다. 이것은 가치 있다고 인정하며 그야말로 집요한 관심을 기울이는 태도에서 비롯된 사랑입니다. 대개 육욕적인 사랑이나 정욕을 묘사할 때 쓰이므로 에로틱한 감정, 곧 육감적인 사랑을 뜻하게 되었습니다.

그러면 "결혼은 사랑으로 충분하다"라고 말할 때, 그 사랑은 무엇이겠습니까? 바로 아가페입니다. 이것은 우리 자신의 사랑으로는 결혼을 충만히 채울 수 없다는 뜻입니다. 스토르게나 필리아나 에로스의 사랑으로 결혼이 충분해지겠습니까?

아닙니다. 아가페의 사랑이 필요합니다. 문제는 그 사랑이 우리 안에 없다는 것입니다.

그러므로 외부로부터 수혈이 필요합니다. 예수님이 골고다에서 쏟으신 "피와 물"(요 19:34)은 사랑의 부족으로 빈사 상태에 빠진 사람들에게 수혈해 주기 위함이 아니겠습니까? 주님의 보혈을 수혈받음으로써 우리는 자기 안에 없던 아가페 사랑의 능력을 얻고, 비로소 사랑할 수 있게 됩니다.

주님이 주시는 사랑이 없으면, 부부는 하나 되지 못한 채 각자 자기 꿈만 추구하기가 쉽습니다. 이 사람이 내 꿈을 이루는 데 발판이 되어 주려나 했는데, 웬걸 자기는 자기만의 꿈이 있고 계획이 있다고 합니다. 부부가 각자 자기 삶의 궤적을 그리고 있으니 어떻게 함께 갈 수 있겠습니까? 결국, 둘 사이에 균열이 생기기 시작할 것이고, 어느 시점이 되면 쩍 갈라지게 되어 있습니다. 한집에 살더라도 상대방을 위해 희생하거나 배려하지 않는 단순 동거인이 되거나 심하면 이혼하여 남남이 될 것입니다. 부부야 그렇다 치고 그들 사이에 있는 자녀들은 뭐가 됩니까? 하나 되지 못한 부모의 밑이라면, 같이 산다고 해도 결손 가정이나 마찬가지 아닐까요? 이 얼마나 무책임한 태도입니까!

어떤 부부는 "우리는 정말 사랑해서 결혼했는데요!" 하며 억

울해할지도 모릅니다. 과연 그렇습니까? 솔직히 뭔가가 눈에 씌어서 결혼한 것 아닙니까? 성적 욕망 때문이 아니었다고 자신할 수 있습니까? 그것이 사랑일까요? 결혼에 이르는 과정까지의 사랑은 사실 욕망에 가깝습니다.

태초에 하나님이 디자인하신 가정을 이루기 위해서는 다른 사랑이 필요합니다. 그것은 오래 참고, 온유하며 시기하지 아니하며 자랑하지 아니하며 교만하지 아니하며 무례히 행하지 아니하며 자기의 유익을 구하지 아니하며 성내지 아니하며 악한 것을 생각하지 아니하며 불의를 기뻐하지 아니하며 진리와 함께 기뻐하고 모든 것을 참으며 모든 것을 믿으며 모든 것을 바라며 모든 것을 견디는 사랑입니다(고전 13:4-7). 오래 참지 않고서야 가정이 어떻게 버티겠습니까? 부부가 서로 질투하고, 각자 자랑하고, 성내며 악한 것을 생각하는데, 가정의 존립이 가능하겠습니까? 어떻게 끝까지 살아 낼 수 있단 말입니까?

아가페의 사랑이 아니고서는 결혼이 완성되지 않습니다. 그러므로 '사랑으로 충분한 결혼'을 달리 표현하면, '사랑이어야만 완성되는 결혼'이라고 할 수 있습니다.

사랑은 버티는 힘이다

결혼식 주례사의 본문으로 흔히 쓰이는 말씀이 있습니다. 바로 고린도전서 13장 13절입니다.

> 그런즉 믿음, 소망, 사랑, 이 세 가지는 항상 있을 것인데 그중의 제일은 사랑이라 (고전 13:13)

사도 바울이 복음이라는 씨앗을 딱 쪼개 봤더니 안에 씨앗이 셋 들어 있는데, 보니까 "믿음, 소망, 사랑"이었습니다. "그중의 제일이 사랑"이라고 하긴 했지만, 사실 셋이 분리된 것은 아닙니다. 세 가지 요소라고 할 수 있겠습니다.

믿음은 복음에서 시작됩니다. 복음을 믿는다는 것은 예수님이 우리를 사랑하신다는 사실을 믿는 것입니다. 즉 사랑하시기에 십자가에서 죽으셨고, 사랑하시기에 죽음에서 부활하셨다는 것을 믿는 것이죠. 믿음은 그리스도의 사랑에서 비롯되고, 소망 또한 그리스도의 사랑에서 싹틉니다. 사랑하지 않는데, 어떻게 믿습니까? 사랑하지도 않는 사람한테 누가 소망을 품고 기대를 겁니까?

배우자를 보면, 가정의 앞날이 불안합니까? 사랑이 없기 때문입니다. "아니다. 사랑하기 때문에 불안한 것이다"라고 말하고 싶다면 착각입니다. 진정으로 사랑한다면, 장차 어떻게 될 것인가에 목적을 두지 않습니다. 그·그녀가 무엇을 이루어야만, 무엇이 되어야만 사랑한단 말입니까? 그·그녀를 사랑하지 않으므로 보기만 해도 불안하고, 짜증 나고, 화가 치미는 것 아닐까요?

그·그녀가 내게로 와서, 나와 결혼해 주어서 감사한 마음이 사랑입니다. 그것이 아가페의 사랑입니다. 자기 내면을 냉철하게 살펴보십시오. 자신이 얼마나 사랑할 줄 모르는 사람인지, 사랑이 없는 인간인지를 깨닫게 될 것입니다. 누구를 사랑하기는커녕 자기 자신조차도 사랑할 줄 모릅니다. 사랑도 능력입니다. 우리에게는 그 능력이 없습니다. 그래서 주님이 필요합니다.

이 어렵고 힘든 시대를 살아가는 우리에게 사랑은 버티는 힘입니다. 사랑하는 사람이 있으면, 견딜 만합니다. 사랑받는 자가 되기를 축복합니다. 그리하여 사랑하는 자가 되기를 축복합니다. 온전한 사랑으로 두려움을 내쫓고(요일 4:18), 사랑 안에서 성공하기를 바랍니다. 결혼은 사랑으로 충분합니다!

하나님 아버지, 주님은 "너희가 서로 사랑하면 이로써 모든 사람이 너희가 내 제자인 줄 알리라"라고 말씀하셨습니다. 진실된 마음으로 서로 사랑하는 데 힘쓰는 가정과 교회 되게 하옵소서. 사랑하고 사랑받음으로써 날마다 승리하는 삶을 살게 하시고, 사랑이면 충분한 믿음의 사람이 되게 하옵소서. 예수님의 이름으로 기도합니다.

QnA.

Q 신혼 초에는 제가 남편을 이기고 살았는데, 믿음 생활을 시작하면서부터 화평케 하는 자로 살기 위해 남편에게 양보해 버릇했더니 지금은 남편이 왕처럼 군림하고 있어요. 제 인생은 시들어 가는데, 남편은 열매만 취하는 것 같습니다.

A 신혼 초에 이기고 사셨다니, 초반에 주도권을 확실히 쥐셨던 모양입니다. 예수님을 믿어서 져 주기 시작했더니 이제는 완전히 밀려 버렸다는 말이군요. 그런데 어쩝니까? 끝까지 밀려야 하지 않겠습니까? 끝까지 져 주십시오. 사실, 저는 이기고 진다는 표현 자체가 적절하지 않다고 여깁니다. 그러나 굳이 그런 표현을 써야 한다면, '한 10년 져 주십시오'라고 말씀드리겠습니다. 그러고 나면 반드시 이길 것입니다. 물론 힘들지요. 하지만 인제 와서 다시 이기려고 들면, 그동안에 져 준 것이 허사가 되지 않겠습니까? 더 많이 사랑하는 사람이 져 주는 법입니다. 더 깊이 사랑하는 사람이 죽어 주는 법입니다. 지금보다 더 많이 사랑하고, 더 깊이 사랑해 보십시오. 나중에 보면, 마침내 이기는 인생이 되어 있을 것입니다.

Q 아내는 백화점에서 명품 쇼핑하기를 즐깁니다. 신상품이 나오면, 꼭 손에 넣어야 만족합니다. 그리 넉넉하지 않은 형편이라 경제적으로 참 부담스러운데, 아내는 자신이 아내와 엄마로서 감당하는 수고에 대한 보상이 반드시 있어야 한다고 주장합니다. 보상해 주는 것이 마땅할까요?

A 사랑한다면, 상대방이 무엇에 관심을 기울이는지 주의 깊게 살펴봐야 합니다. 부인이 명품 쇼핑을 좋아한다고 해서, 교회 다니는 사람이 명품을 좋아하느냐고 핀잔을 주거나 속물적이라고 비난한다면 싸움만 날 뿐입니다. 부인이 관심 가지는 브랜드의 카탈로그를 함께 보자고 하거나 매장을 같이 둘러보자고 제안하는 것도 좋을 것입니다.

그러나 가계를 규모 있게 꾸려 나가려면, 부인이 쇼핑을 줄여 주어야 합니다. 대화를 통해 합의하는 게 좋겠지만, 쉽지만은 않을 것입니다. 결국, 간절한 기도가 답입니다. 너무나 간절한 나머지 "아내의 눈을 잠시 멀게 하시어 명품이 눈에 들어오지 않게 해 주소서" 하고 기도할 수도 있습니다. 하지만 이런 기도가 응답된다면, 하나님을 향한 믿음이 얼마나 자라겠습니까? 어쨌든 싸우는 것보다는 낫지 않습니까? 기억하십시오! 아내한테 얘기하면 싸움이 되고, 하나님께 말씀드리면 기도가 됩니다.

Q 결혼을 약속했던 남자와 1년 전에 헤어졌습니다. 그 후로는 누군가를 만나기가 두렵습니다. 결혼 준비로 심하게 싸우다가 헤어진 탓일까요? 누구를 만나서 다시 사랑할 자신이 없고, 다시 사랑한다고 해도 헤어진 남자만큼 사랑할 수 있을까 하는 생각도 듭니다. 그 사람의 밑바닥까지 다 봤는데도 왜 떨쳐 버리질 못할까요? 우리는 왜 헤어졌을까요? 하나님이 예비해 주신 배우자가 아니어서 헤어진 것일까요?

A 어떤 생각이 자꾸 맴돌 때는 시선을 돌리는 것이 가장 간단한 해결 방법입니다. 그래서 책을 읽거나 음악을 듣는 것 아니겠습니까? 특히 우리를 병들게 하는 독성이 강한 생각들에서 벗어나게 하는 탁월한 해독제가 있으니, 바로 성경입니다.

때로는 작심하고, 세상으로부터 자신을 스스로 격리시키는 것이 필요합니다. 이제까지 살아온 삶의 모든 흔적을 정리하는 시간이 필요하다는 뜻입니다. 실제로 코로나19 팬데믹 때, 격리되어 있는 동안에 하루에 14시간씩 성경을 읽다가 은사를 받은 분도 있습니다. 사람과의 깨어진 관계를 붙들고 씨름하지 말고, 하나님과의 관계를 더욱 돈독하게 하는 데 시간을 보내십시오. 그편이 훨씬 더 효과적일 것입니다. 비록 과거로 돌아가서 아쉬웠던 순간들을 바로잡을 수는 없지만, 그때의 상처를 주님께서 치유해 주실 테니까 말입니다.

Love

가정의 기본값은 사랑입니다.

이 어렵고 힘든 시대를 살아가는 우리에게

사랑은 버티는 힘입니다. 사랑은 능력입니다.

우리에게는 그 능력이 없습니다.

주님의 보혈을 수혈받음으로써

비로소 사랑할 수 있게 됩니다.

PART 5.

결혼의 목적이 분명해야 한다

그의 아내 이세벨이 그에게 이르되 왕이 지금 이스라엘 나라를 다스리시나이까 일어나 식사를 하시고 마음을 즐겁게 하소서 내가 이스르엘 사람 나봇의 포도원을 왕께 드리리이다 하고 | 왕상 21:7 |

하나님 아버지, 젊은이들이 결혼을 꿈꾸지 않는 시대가 되었습니다. 결혼이 하나님이 주시는 선물임을 깨달아 기대감을 갖게 하시고, 부부가 하나 되는 꿈을 품게 하옵소서. 그리하여 혼자서는 맛보지 못할 타인과 하나 됨의 기쁨을 알게 하옵소서. 무엇보다도 하나님의 사랑과 말씀 안에서 은혜를 누리는 가정을 이루게 하옵소서. 예수님의 이름으로 기도합니다.

하나님은 사람에게 "돕는 배필"을 주신 이유를 "혼자 사는 것이 좋지 아니하니"라고 밝히셨습니다(창 2:18). 만일 사람이 혼자 사는 게 더 좋았다면, 굳이 결혼을 허락하실 이유가 없었겠지요. 하나님은 사람 혼자서는 심심하고 외로울 테니 말동무를 붙여 주겠다고 하시지 않고, "돕는 배필", 곧 '돕는 짝'을 지어 주겠다고 하셨습니다. 이것은 혼자서는 할 수 없는 일을 둘이 힘을 합쳐 함께 해내라는 배려의 메시지입니다.

"생육하고 번성하여 땅에 충만하라, 땅을 정복하라, 바다의 물고기와 하늘의 새와 땅에 움직이는 모든 생물을 다스리라"(창 1:28)라는 하나님의 명령은 두 사람이 힘을 합쳐야만 수행할 수 있습니다. 또 둘 중 한 사람이 낙심하여 주저앉더라도 서로 위로하고 격려하며 함께 기도하면 다시 일어설 수 있습니다. 살면서 둘만의 비밀스럽고 아름다운 시간을 공유하기도 할 것입니다. 이는 사람이 홀로 외로이 나이 들기보다는 둘이 되어 함께 성장하고, 성숙해 가면서 아름답고 향기롭게 나이 들어가도록 하시는 하나님의 배려인 것입니다.

그런데 성경에 보면, 하나님이 디자인하신 아름다운 결혼을 오염시키고 악용한 부부들이 등장합니다. 그들은 그야말로 둘이 힘을 합쳐 온갖 죄악을 저지르는 악의 시너지를 보여 주는데, 이들 부부를 반면교사로 살펴볼 필요가 있습니다.

죄인과 죄인이 만나면 악이 증폭된다

먼저, 북이스라엘의 제7대 왕이자 오므리 왕가의 두 번째 왕인 아합과 그 아내 이세벨이 있습니다. 아합은 나름대로 능력 있는 왕이었습니다. 나라를 제대로 다스리려고 노력했고, 꽤 부강한 나라로 만들긴 했습니다. 그러나 우상을 숭배하는 이방 여인 이세벨과 결혼한 것이 문제가 되었습니다.

이세벨은 북이스라엘 위에 자리했던 페니키아 왕국의 엣바알 왕의 딸이었습니다. '바알과 함께하는 자'라는 뜻의 엣바알이란 이름에서도 알 수 있듯이 그의 딸 이세벨은 바알의 열성적인 숭배자였습니다. 그녀가 북이스라엘에 시집오면서 아합왕과 북이스라엘이 엄청난 우상 숭배에 빠지게 되었습니다. 사마리아에 바알 신전과 제단이 세워졌고, 아세라 여신상까지 세워졌습니다(왕상 16:30-33). 이세벨은 바알 숭배자로서 일생일대의 큰 업적을 세웠다며 뿌듯함을 느꼈을 것입니다. 그러나 결국 우상 숭배로 북이스라엘과 남유다 모두를 쑥대밭으로 만들었고, 그 자신도 파멸하고 맙니다.

아합과 이세벨 부부가 저지른 대표적인 악행은 일명 나봇의 포도원 사건입니다. 어느 날 왕궁 가까이에 있는 포도원을 보고 마음에 든 아합은 그 주인 나봇에게 "네 포도원이 내 왕궁 곁에 가까이 있으니 내게 주어 채소밭을 삼게 하라 내가 그

대신에 그보다 더 아름다운 포도원을 네게 줄 것이요 만일 네가 좋게 여기면 그 값을 돈으로 네게 주리라"(왕상 21:2) 하고 거래를 제안했습니다. 사실, 괜찮은 제안 아닙니까?

그러나 당시 이스라엘에서는 땅을 마음대로 사고팔 수가 없었습니다. 가나안을 정복하고 분배받은 땅을 기업이라고 하여 영구히 팔지 못하게 하였는데, 한시적으로 사고팔았다가도 희년이 오면 원래대로 무르게 했습니다. 왜냐하면 땅의 주인은 하나님이시고, 사람은 그 관리를 맡을 뿐이라고 생각했기 때문입니다.

그래도 왕이 달라고 하는데, 약삭빠른 사람 같으면 두말없이 내주지 않았을까요? 강제로 빼앗겠다는 것도 아니고, 더 좋은 것으로 바꿔 준다고 합니다. 게다가 이참에 왕에게 잘 보이면 여러모로 좋은 일이 생기지 않겠습니까? 하지만 나봇은 올곧고 충직한 사람이었던지라 "내 조상의 유산을 왕에게 주기를 여호와께서 금하실지로다"(왕상 21:3)라고 말하며 거절했습니다. 아무리 왕의 요구라도 하나님의 뜻을 거스르진 못하겠다는 것입니다.

왕으로서 체면이 깎인 아합은 나봇의 바른말에 차마 화를 내지는 못하고, 식음을 전폐하고 드러누워서 끙끙 앓았습니다. 그러자 옆에서 보다 못한 아내 이세벨이 남편을 붙잡고 일의

자초지종을 물었고, 듣고 난 뒤에는 별일 아니라는 듯 "일어나 식사를 하시고 마음을 즐겁게 하소서 내가 이스르엘 사람 나봇의 포도원을 왕께 드리리이다"(왕상 21:7) 하고 장담합니다. 아마도 속으로 '당신은 왕이고, 그는 포도원 주인에 불과한데 눈치를 왜 봐요? 힘을 조금만 써도 간단하게 해결될 일을…. 내가 어떻게 하는지 잘 봐요. 권력은 이렇게 쓰는 거라고!' 하며 비웃었을 것입니다.

이세벨은 남편 아합의 이름으로 쓴 편지를 장로와 귀족들에게 보냈습니다. 편지에는 "금식을 선포하고 나봇을 백성 가운데에 높이 앉힌 후에 불량자 두 사람을 그의 앞에 마주 앉히고 그에게 대하여 증거하기를 네가 하나님과 왕을 저주하였다 하게 하고 곧 그를 끌고 나가서 돌로 쳐 죽이라"(왕상 21:9-10)라는 내용이 쓰여 있었습니다. 거짓 증인을 세워 나봇을 제거할 계략을 세운 것입니다. 결국, 나봇과 그 아들들이 다 죽습니다(왕하 9:26). 상속자를 남겨 놓으면 문제가 복잡해질 것 같으니까 주도면밀하게 그 아들들까지 다 죽인 것 아니겠습니까?

계획대로 일을 마친 이세벨은 남편에게 가서 "일어나 그 이스르엘 사람 나봇이 돈으로 바꾸어 주기를 싫어하던 나봇의 포도원을 차지하소서 나봇이 살아 있지 아니하고 죽었나이다"(왕상 21:15)라고 의기양양하게 말합니다. 그러자 아합이 어떤 반응을 보였습니까? 묻지도 따지지도 않고, 바로 일어나 가벼운 마음으로 포도원까지 내달렸습니다. 이것이 아합왕의 실체입니다. 이런 자가 왕 노릇을 했으니 백성들이 얼마나 고생했겠습니까?

왕의 알량한 체면 때문에 나봇과 그의 가족만 억울하게 희생되었습니다. 있을 수 없는 일이 일어난 것입니다. 그러니 하나님이 가만히 계셨겠습니까? 엘리야에게 명하여 나봇의 포도원을 빼앗은 일로 아합왕을 꾸짖고, "개들이 나봇의 피를 핥은 곳에서 개들이 네 피 곧 네 몸의 피도 핥으리라"라고 저주하게 하셨습니다(왕상 21:17-19). 그리고 아합과 이세벨은 예언대로 처참한 죽음을 맞이합니다. 남편 아합은 아람과의 전쟁에서 허무하게 죽습니다. 병사로 변장하여 추격을 피하는가 했는데, 어떤 사람이 무심코 쏜 활이 하필이면 갑옷 솔기를 뚫고 들어가는 바람에 부상당하여 죽은 것입니다(대하 18:29-34). 아내 이세벨은 어떻습니까? 엘리야의 예언대로 예후의 반란으로 창밖에 내던져져 죽임을 다하고, 동물들이 시체를 먹어 치워 "두골과 손발"만 남았습니다(왕하 9:30-35). 이것이 악한 일에 힘을 합친 부부의 말로입니다.

하나님이 디자인하신 결혼은 원래 아름다운데, 왜 죄인들은 하나님에게서 멀어져 죄를 돌이키지 않고 믿음을 떠나 우상숭배에 빠져 신성한 결혼을 모독합니까? 모든 우상은 나의 야망과 뜻과 욕망과 욕정을 이루고 채우기 위한 수단에 불과합니다. 투자 대비 가성비가 좋으면 영험이 있다고 하고, 가성비가 낮으면 인기가 없는 이유가 여기에 있습니다. 우상 숭배의 기복적인 욕망은 죄성과 깊이 연관되어 있으므로 죄인들이 만나 결혼하면 그 죄가 증폭될 수밖에 없습니다.

신앙이 같은 배우자를 만나려고 애쓰는 이유가 있습니다. 하나님을 향한 믿음의 뿌리가 같지 않으면, 결국은 힘을 합쳐서 하나님에게서 멀어지고, 죄에 가까이 가게 되기 때문입니다. 그래서 믿는 사람과 결혼하거나 믿지 않는 사람과 결혼한다면 안 믿는 배우자를 어떻게든 믿음으로 인도하려고 죽을힘을 다하는 것 아니겠습니까?

신앙의 기초가 없으므로 힘을 합쳐서 범죄를 저지르는 부부가 얼마나 많은지 모릅니다. 두 사람이 머리를 맞대고 기껏 이루어 내는 것이 범죄라니 안타깝지 않습니까? 그런 안타까운 부부가 신약에 등장합니다. 바로 헤롯 안디바와 그의 아내 헤로디아입니다.

헤롯 안디바는 이복동생 빌립 1세의 아내였던 헤로디아와 결혼했는데, 제수씨랑 결혼하기 위해서 자기 본처를 버린 일로 큰 비난을 받았습니다. 우리가 잘 아는 대로 세례 요한이 이들의 부도덕한 결혼을 강하게 비판했고, 그로 인해 옥에 갇혔다가 목이 잘리고 말았지요. 사실, 헤롯은 세례 요한을 죽일 생각이 전혀 없었습니다. 도리어 그를 "의롭고 거룩한 사람으로 알고 두려워하여 보호하며 또 그의 말을 들을 때에 크게 번민을 하면서도 달갑게"(막 6:20) 들었다고 했습니다. 세례

요한의 말이 귀에는 쓰지만, 불의한 말이나 부당한 말은 없다는 것을 잘 알았기 때문입니다.

문제는 아내 헤로디아가 세례 요한을 죽이기로 마음먹었다는 데 있습니다. 그래서 기회를 엿보다가 어떻게 했습니까? 자기 딸 살로메를 시켜 헤롯의 생일잔치에서 춤추게 했습니다. 당시에는 춤추는 노예가 따로 있었는데, 배꼽을 내놓고 선정적인 춤을 추곤 했습니다. 그런데 의붓딸이자 조카인 살로메가 춤추자 헤롯 안디바가 넋을 잃고 맙니다. 헤로디아의 예상대로 헤롯은 "네가 원하는 것을 내게 구하라 내가 주리라"(막 6:22) 하고 결정적인 말을 하지요. 심지어 "무엇이든지 네가 내게 구하면 내 나라의 절반까지라도 주리라"(막 6:23)라고까지 말합니다. 헤로디아는 이 기회를 놓치지 않고, 딸에게 세례 요한의 머리를 구하라고 시킵니다. 결국, 세례 요한은 목이 베어 머리가 소반에 얹어진 채로 살로메에게 전해졌고, 살로메는 그것을 자기 어머니 헤로디아에게 바쳤습니다. 헤롯은 아내 헤로디아의 계략에 휘말려 허세를 부리며 어이없는 약속을 했다가 평생 두려워하게 될 범죄를 저지르고 말았습니다.

헤롯과 헤로디아의 부도덕한 결혼이 얼마나 끔찍한 결과를 불러왔는지 보십시오. 이런 일이 그때만 있었겠습니까? 지금은 이런 어이없는 희생이 없을까요? 이 사건이 워낙 규모가 크고 소란스럽고 충격적이었기에 성경에 기록되기는 했지만, 사실 평범한 가정에서도 이와 유사한 일은 얼마든지 일어날 수 있습니다.

부부가 함께 돈이라는 우상을 섬기다가 보험 사기를 저지르기도 하고, 온갖 더럽고 악한 범죄를 저지르는 일이 꽤 있지 않습니까? 하나님이 디자인하신 신성한 제도인 결혼을 통해서도 죄인과 죄인이 만나 상상할 수 없는 끔찍한 일들을 함께 저지를 수 있다는 말입니다.

결혼의 목적을 분명히 하라

결혼을 통한 죄의 시너지 효과가 날이 갈수록 커져 가는 것 같습니다. 남편과 아내가 삶의 목적과 방향을 놓쳐 버리면, 둘이 탐욕과 욕정에 눈이 멀어 어떻게든 손에 넣으려고 머리를 맞대고, 힘을 합칠 가능성이 높습니다. 남편보다 더 영악한 아내, 아내보다 더 대담한 남편이 문제가 되는 심각한 시대를 살게 되었다는 뜻입니다.

결혼이 무엇입니까? 두 사람이 서로의 잘못과 허물을 가려 주고 덮어 주는 아가페의 사랑을 통해 시간이 흐를수록 더 아름답고 성숙한 인격으로 빚어져 가는 과정 아니겠습니까? 그런데 결혼을 통해 성숙한 인격으로 빚어지기는커녕 부부가 갈수록 악해지고, 어리석고 미련한 인간으로 추락해서야 되겠습니까?

두 사람이 함께함으로써 인생의 기쁨을 누리고, 세상에 빛을 던지게 되길 축복합니다. 부부가 힘을 합쳐 악으로 치닫지 않으려면, 배우자로 하여금 예수님과 사랑에 빠지도록 도우십시오. 믿지 않는 배우자라면 예수님을 알게 하십시오. 이것이 그·그녀를 가장 사랑하는 길입니다. 배우자가 나보다도 예수님을 더 사랑하면, 부부의 인생에는 문제가 하나씩 사라지게 될 것입니다.

부부가 주님 안에서 살면서 선한 열매를 맺는 모습을 얼마나 많이 봅니까? 어떤 부부는 자기 자녀가 있는데도 가슴으로 낳은 아이를 입양하기도 합니다. 아이 하나도 키우기 힘든 시대이지만, 두 사람이 받은 은혜가 너무 크기에 몇 년간 의논하고 충분히 준비하여 아이를 입양한다는 부부를 종종 보곤 합니다. 어떤 부부는 힘들게 번 돈을 알뜰살뜰 모아서 NGO나 구호단체에 기부하고, 선교사님들을 헌신적으로 돕고 교회의 필요를 채우는 데 아낌없이 내기도 합니다.

그러니 결혼의 목적을 배우자로 하여금 예수님을 깊이 만나게 하는 것에 둔다면, 얼마나 아름다운 인생을 살겠습니까! 부부가 예수님을 사랑하는 서로의 모습에서 도전받고, 나보다 배우자가 예수님과 더욱 깊은 만남을 가질 수 있도록 돕는 부부가 되기를 축복합니다.

하나님 아버지, 가정은 하나님이 만들어 주신 거룩한 제도이기에 원수 된 사탄이 부부 관계를 흔들어 가정을 깨뜨리고자 노력하는 줄 압니다. 그러므로 부부가 주의 말씀으로 연합하여 어떤 어려움에 부딪히더라도 넉넉히 이길 힘과 능력을 얻게 하옵소서. 예수님의 이름으로 기도합니다.

QnA.

Q 아내는 입만 열면 남을 험담하는데, 남편으로서 당연히 공감해 주어야 한다고 생각하기에 대부분은 적당히 맞장구치며 들어주는 편입니다. 그런데 가끔 정도가 지나칠 때가 있어서 사실을 바로잡으려고 하면, 아내는 제가 사랑이 없다면서 토라져 버립니다. 무조건 공감해 주려니까 죄짓는 기분이 듭니다. 이럴 때는 어떻게 해야 할까요?

A 입만 열면 독을 쏟아 내는 사람이 있기 마련입니다. 대개 내면에 상처가 많은 사람이 그렇게 하지요. 깊은 상처에서 독이 뿜어져 나오기 때문입니다. 남편은 아내의 독을 뽑아내기 위해 험담을 들어주겠지만, 상당히 괴로울 것입니다. 내면의 독을 뽑아내는 방법 중에서 가장 좋은 것은 부부가 함께 말씀을 읽는 것입니다.

아침마다 부부가 성경을 10분이라도 함께 읽어 보길 권합니다. 눈 뜨자마자 세수할 것도 없이 나란히 앉아서 말씀을 읽어 보십시오. 이것을 권하는 이유는 입에서 좋은 말이 나오도록 정화하고 훈련하기 위해서입니다. 그렇게 1년 정도 꾸준히 해 보면, 기적을 경험하게 될 것입니다.

독을 내뿜는 배우자를 사랑으로 감싸는 것은 곧 내가 피를 흘리는 일입니다. 쓰리고 아프지만, 어쩌겠습니까? 언제까지 미성숙한 상태로 머물게 내버려둘 수는 없는 일이지요. 이러나저러나 바른말을 해 주기가 힘들고, 험담을 들어주기도 힘들다면, 방법은 둘이서 아무 말도 하지 않고 그냥 성경을 소리 내서 읽는 것입니다. 입으로 소리 내어 읽으면서 귀로 말씀을 듣게 되지 않겠습니까?

그러나 처음부터 함께 성경을 읽기가 힘들다면, 정서적으로 함께할 수 있는 일을 만들어 보십시오. 함께 산책해도 좋고, 영화를 보러 가도 좋고, 같이 음악을 들어도 좋을 것입니다. 마음을 가라앉힐 수 있는 통로를 만들어 보라는 뜻입니다.

Q 아버지는 자기 잘못을 도통 인정하지 않는 분이시라 온 가족이 힘들어합니다. 마치 벽을 보고 말하는 것 같을 때가 많아요. 아버지는 예수님을 믿지 않으시는데, 저보고는 열심히 믿으라고는 하시네요. 아버지를 위해서 기도하다 보면, 언젠가는 변화하시리라 믿지만 지금 당장 아버지를 어떻게 대해 드리면 좋을지 모르겠습니다. 어떻게 기도하면 좋을까요?

A 대개 아버지 세대는 자라면서 가족 간에 스킨십을 경험해 본 적이 없기 때문에 자녀의 스킨십에 매우 약합니다. 하루에

한 번씩 아버지를 안아 드리면서 "아빠, 사랑해요!"라고 말해 보세요. 한 달 안에 변하실 것입니다. 사실, 안아 드리는 것보다 더 큰 효도가 없어요.

가족 간에 상처 없는 사람이 없습니다. 내가 우리 가정에 흐르는 무정함을 끊어 내겠다고 마음먹었다면, 우선 아버지를 가슴에 품으시고, 무조건 사랑하기로 결단하십시오. 그리고 마음을 담아서 "아버지, 사랑하고 존경합니다"라고 고백해 보십시오. 자녀의 한마디에 울음을 터뜨리는 아버지를 많이 봤습니다.

그런데 그렇게 결단하고 용기를 내려면, 내가 먼저 그리스도의 사랑으로 녹아내려야 합니다. 그래야 아버지를 축복할 수 있고, 사랑할 수 있습니다. 처음에는 좋은 반응이 없을 수도 있지만, 한 번 하고 두 번 하다 보면 냉랭한 마음이 반드시 풀리게 돼 있습니다.

미국 마이애미대 밀러 의과대학(Univ. of Miami Miller School of Medicine)의 터치 연구소(Touch Research Institute)가 연구한 결과, 엄마와 아기가 살을 맞대면 아기가 안정감을 느낀다고 합니다. 어렸을 때, 배가 아프다고 하면 엄마나 할머니가 "엄마·할머니 손은 약손"이라고 흥얼거리며 배를 만져 주곤 하지 않았습니까? 실제로 효과가 있다는 것입니다. 스킨십이 우리

몸의 면역력을 높여 주고, 치유의 힘을 발휘한다는 것은 여러 실험에서 검증되어 왔으니 믿을 만한 처방이라고 할 수 있습니다.

한 가지 덧붙이자면, 아버지 세대도 자녀들에게 "사랑한다", "미안하다" 같은 표현을 해 보길 권합니다.

Q 처가에서 제사 때 절하는 문제로 아내가 많이 힘들어합니다. 정신과에 다닐 정도인데요. 아내를 생각해서 절하면, 우상 숭배를 하는 셈이라 마음에 걸립니다. 한편으로는 내가 절을 함으로써 가정이 평화로울 수만 있다면, 마음에 걸려도 절하는 게 나은 것인지 아무리 기도로 여쭤봐도 마음의 답을 받지 못해서 너무 힘듭니다.

A 큰 원칙은 가족을 사랑하는 데서부터 출발해야 합니다. 그러니까 제사를 당장 그만둘 수 없을 때는 섬겨야지요. 무조건 자리를 피하거나 안 가거나 하면 안 되지 않습니까? 절을 안 하려면, 절을 안 해도 될 만큼 헌신하거나 "너는 절을 안 해도 좋다"라는 승낙을 얻을 정도로 충분히 납득시켜 드려야 합니다. 예를 들어, 가족이 모여 전을 부치면, 나는 팔을 걷어붙이고 제일 많이 부쳐 놓고, 다른 형제들이 부모님께 용돈을 10만 원 드리면, 나는 30만 원 드리거나 해서 어르신들의 마음을 녹이는 일이 먼저입니다. 집안일을 정성스럽게 헌신적으

로 챙기면서 "그러나 이것만큼은 제 신앙의 기준에 비춰 순종하기가 어렵습니다" 하고 용서를 구하는 편이 낫습니다.

이 땅에서 살아가는 동안에는 바다에 파도가 잠잠할 날이 없듯이 인생의 문제가 끝없이 밀려오게 되어 있습니다. 인생은 파도타기와도 같습니다. 파도에 빠져 죽지 마시고, 파도를 타고 넘어가십시오.

Jesus Christ

부부가 힘을 합쳐 악으로 치닫지 않으려면, 배우자로 하여금 예수님과 사랑에 빠지도록 도우십시오. 배우자가 나보다도 예수님을 더 사랑하면, 부부가 주 안에서 선한 열매를 맺을 것입니다.

PART 6.

하나님의 뜻을 이루는 부부

그 사람 엘가나와 그의 온 집이 여호와께 매년제와 서원제를 드리러 올라갈 때에 오직 한나는 올라가지 아니하고 그의 남편에게 이르되 아이를 젖 떼거든 내가 그를 데리고 가서 여호와 앞에 뵙게 하고 거기에 영원히 있게 하리이다 하니

| 삼상 1:21-22 |

하나님 아버지, 부부가 원수처럼 살다가 원수보다 더 못한 관계로 헤어지는 일이 많습니다. 부부가 된다는 것이 얼마나 큰 기쁨이고 축복이며 하나님의 선물인지를 다시금 깨닫게 하옵소서. 하나님의 뜻 안에서 시작된 가정이 믿음 안에서 아름답게 익어 가며 풍성한 열매를 맺게 하옵소서. 우리가 숨 돌릴 틈 없이 사탄이 영적으로 공격해 올지라도 믿음으로 가정을 지키게 도와주옵소서. 예수님의 이름으로 기도합니다.

신앙생활에 있어서 부부 관계가 얼마나 중요한지를 모르는 사람은 없을 것입니다. 믿음을 온전히 지키려고 아무리 애써도 배우자가 집요하게 방해하는 가정이 꽤 많습니다. 뒤늦게 믿음을 갖게 된 어떤 남편이 교회에 나가기 시작하자 부인이 온 집안을 발칵 뒤집어 놓아서 결국 남편이 몰래 신앙생활을 하게 된 가정도 있습니다. 주일 예배에는 못 나오고, 대신 수요일마다 직장을 일찍 마치고 예배에 참석하는 그분을 볼 때마다 응원하면서도 안쓰러운 마음이 듭니다. 반대로, 아내의 신앙생활을 반대하는 남편은 또 얼마나 많겠습니까? 이처럼 부부가 신앙 안에서 하나 되지 못하면, 부부는 물론 온 가정이 위태로워지기 쉽습니다. 주변에서 그런 사례를 종종 목격하게 되지 않습니까?

신앙 문제로 어려움을 겪는 부부들에게 소망이 될 이야기들을 살펴봅시다. 믿음으로 하나 된 부부가 얼마나 아름다운 일들을 성취해 내는지를 보십시오.

믿음 안에서 사랑하면, 서운하게 하지 않는다

이스라엘 역사상 마지막 사사요, 왕국 건립의 중요 역할을 한 사무엘 선지자가 어떻게 탄생했는지는 이미 널리 알려져 있습니다. 그는 "에브라임 산지 라마다임소빔에 에브라임 사람 엘가나라 하는 사람"(삼상 1:1)의 아들로 태어났습니다. 엘가나에게는 한나와 브닌나라는 두 아내가 있었는데, 브닌나에게는 자식이 있었고, 한나에게는 자식이 없었습니다. 여기서부터 갈등이 예상되지 않습니까?

믿음이 좋은 엘가나는 해마다 실로에 올라가서 만군의 여호와께 제사를 드렸습니다. 그때마다 드렸던 제물을 두 아내와 자식들에게 나눠 주었는데, 특히 한나에게는 갑절을 주곤 했습니다. 아이를 간절히 원하는데도 갖질 못하는 한나가 얼마나 애틋했겠습니까? 아이를 갖지 못한 슬픔을 달래 주느라고 제물을 두 몫이나 주었던 것입니다.

문제는 브닌나가 한나를 몹시 못마땅하게 여겼다는 데 있습니다. 자기는 자식을 여럿 낳아 키우느라 고생하는데, 한나는 하나도 낳지 못한 주제에 자기보다 갑절로 더 받으니 얼마나 얄미웠겠습니까! 그래서 제사드리러 갈 때마다 한나를 업신여기며 괴롭혔습니다. 그때마다 한나는 가슴을 움켜쥐며 식음을 전폐하고 울 수밖에 없었습니다.

다행히 남편 엘가나는 한나를 진심으로 아끼고 사랑했습니다. 당시에는 여자가 아이를 낳지 못하면 지극히 수치스럽게 여겼고, 아내로서도 굉장한 결격 사유가 되었습니다. 그런데도 엘가나는 "어찌하여 그대의 마음이 슬프냐 내가 그대에게 열 아들보다 낫지 아니하냐"(삼상 1:8)라고 그녀를 위로하며 변함없이 사랑했습니다. 그 덕분에 한나는 소망을 놓아 버리지 않았고, 제사가 끝난 뒤에도 그 자리에 남아서 여호와 하나님께 간곡히 기도를 드리곤 했습니다.

한번은 한나가 차마 소리를 내지는 못하고 입술을 달싹이며 통곡하며 서원 기도를 드렸는데, 그 모습을 본 엘리 제사장이 술주정하는 줄로 오해하고, "네가 언제까지 취하여 있겠느냐 포도주를 끊으라"(삼상 1:14) 하고 핀잔을 주었습니다. 그러잖아도 죽을 지경이었던 한나는 울음을 터뜨리며 마음을 토로하였고, 이를 안쓰럽게 여긴 엘리 제사장이 "평안히 가라 이스라엘의 하나님이 네가 기도하여 구한 것을 허락하시기를 원하노라"(삼상 1:17) 하고 축복해 줍니다.

이를 믿음으로 받아들인 한나는 마침내 임신에 성공하여 사무엘을 낳았는데, 아이의 평생을 여호와께 드리겠다고 서원한 대로 젖 뗄 때까지만 기르고 엘리 제사장에게 데려다주었습니다. 이렇게 이스라엘 역사에 길이 남을 대선지자가 탄생한 것입니다.

이 과정에서 엘가나와 한나 부부가 보인 모습에 주목하십시오. 우선 여호와께 신실했던 엘가나는 신앙 안에서 아내를 사랑했고, 그의 변치 않는 사랑 덕분에 한나가 포기하지 않고 기도함으로써 결국 아들을 얻을 수 있었습니다. 그런데 그녀가 어떻게 기도했습니까? "만군의 여호와여 만일 주의 여종의 고통을 돌보시고 나를 기억하사 주의 여종을 잊지 아니하시고 주의 여종에게 아들을 주시면 내가 그의 평생에 그를 여호와께 드리고 삭도를 그의 머리에 대지 아니하겠나이다"(삼상 1:11)라고 서원 기도를 드렸습니다.

당시는 여자가 서원했어도 남편이나 아버지가 허락하지 않으면 무효가 되던 시대였습니다(민 30장). 아들을 주시면 하나님께 바치겠다고 한 한나의 서원을 엘가나가 얼마든지 깨뜨릴 수 있었다는 얘깁니다. 아내를 아끼는 마음에 "어렵게 얻은 아들을 어떻게 품에서 떼어 놓을 수 있겠소?" 하고 허락하지 않았다면, 사무엘 선지자는 세상에 없었을지도 모릅니다.

그러나 엘가나는 "그대의 소견에 좋은 대로 하여 그를 젖 떼기까지 기다리라 오직 여호와께서 그의 말씀대로 이루시기를 원하노라"(삼상 1:23) 하고 아내의 서원을 존중했습니다. 아이를 하나님께 바치기로 결심한 한나는 사무엘이 젖 뗄 때까지는 제사드리러 올라가지도 않고 양육에 온갖 정성을 기울였습니다. 드디어 젖 뗄 때가 되자 엘가나와 한나가 서원을 지키기 위해 "수소 세 마리와 밀가루 한 에바와 포도주 한 가죽 부대를"(삼상 1:24) 가지고 사무엘을 엘리 제사장에게로 데려갔습니다.

사무엘은 장차 이스라엘의 초대 왕 사울에게 기름을 붓고, 그다음에 다윗을 차기 왕으로 기름 붓는 위대한 사사가 될 것입니다. 그리하여 이스라엘의 역사가 사사 시대에서 왕정 시대로 넘어가는 데 결정적인 역할을 할 것입니다.

이 위대한 선지자의 탄생과 성장 배경에는 엘가나와 한나 부부의 깊은 사랑이 있었습니다. 이들은 아이가 없을 때 서로를 서운하게 하지 않았고, 아이가 태어나고 서원을 지키는 과정에서도 의견 충돌을 보이지 않았습니다. 늘 믿음 안에서 서로를 배려하며 사랑했기에 하나님의 뜻이 이루어지는 놀라운 일을 경험할 수 있었다는 사실을 기억하십시오.

저는 결혼이 지니는 의미 가운데 자녀를 낳고, 잘 양육하는 것이 매우 크다고 생각합니다. 자녀는 하나님이 주십니다. 그러므로 자녀 양육은 부부가 짊어져야 할 큰 책임이요 가장 큰 소명인 것입니다. 남자와 여자가 결혼하는 이유가 낭만과 기쁨이 가득한 생활을 위해서만은 아니지 않습니까? 다음 세대를 위한 것이기도 합니다.

그런데 요즘은 결혼의 목적 자체가 완전히 빗나가서 자기 꿈과 야망을 이루기 위해 부족한 부분을 결혼으로 채우고자 하는 경우가 많은 것 같습니다. 그러니 채워지지 않으면, 그만 살자는 말이 쉽게 나옵니다. 이것은 정말로 결혼에 대한 모독이라고 생각합니다. 결혼이 그렇게 값싼 관계입니까? 결혼이란 하나님의 뜻을 이루기 위해서 가정을 이루어 온전히 헌신하겠다는 결정인 것입니다.

어느 순간 우리는 다음 세대를 위하는 마음을 놓쳐 버렸습니다. 대한민국이 인구 절벽의 시대를 맞이하게 된 이유가 이것 아니겠습니까? 당장 근로자의 대다수를 외국에서 들이지 않으면 경제가 돌아가지 않을 정도가 되어 버렸습니다. 2030년에 끝날지 2050년에 마지막이 될지 2080년까지 간신히 버틸지 누구도 장담할 수 없는, 그야말로 종말론적인 시간을 보내고 있는 상황입니다.

태초에 하나님이 아담과 하와를 부부로 축복하신 이유가 "생육하고 번성하여 땅에 충만하라, 땅을 정복하라, 바다의 물고기와 하늘의 새와 땅에 움직이는 모든 생물을 다스리라"(창 1:28) 하신 명령에 담겨 있지 않습니까? 그런데 인간의 탐욕이 모든 존재의 기반을 허물어 버렸고, 특별히 결혼과 가정을 뿌리째 흔들어 놓았습니다. 남자와 여자가 결혼하여 서로 사랑하고, 함께 성숙해 가면서 어떤 관계보다도 더 깊고 아름다운 복된 관계를 경험하고, 그런 관계를 통해서 다음 세대가 나고 자라는 환경을 제공해야 하는데, 이런 관계를 송두리째 잃어버리게 된 것입니다.

길을 잃었을 때는 다시 처음으로 돌아가야 하는 법입니다. 이상적인 부부, 아름다운 가정을 살펴볼 필요가 있습니다. 신약 시대에 우리가 잘 아는 부부가 있지 않습니까? 바로 예수님이 태어나신 가정입니다. 마리아와 요셉 부부를 한번 보십시오. 예수님은 이들이 정혼한 사이일 뿐 아직 정식 부부가 아니었을 때, 성령으로 잉태되셨습니다. 하나님은 그때까지 남자를 알지 못했던 마리아를 잉태하게 하기로 결정하신 것입니다. 그래서 가브리엘 천사가 가서 일명 수태고지(受胎告知)를 해 줍니다.

이 얼마나 황당한 일입니까? 당시에는 남자와 정혼한 여자가 임신하면 파혼당할 수 있고, 자칫하면 간음으로 오해받아 돌에 맞아 죽을 수도 있었습니다. 그런데 마리아가 어떻게 반응합니까? 누가복음을 보면, 가브리엘 천사의 말을 들은 마리아가 이렇게 대답합니다.

> 주의 여종이오니 말씀대로 내게 이루어지이다 (눅 1:38)

두말하지 않고 받아들인 것입니다. 왜 두렵지 않겠습니까? 그런데도 마리아는 말씀에 순종합니다. 인생의 목적이 하나님의 말씀이 나를 통해 이루어지는 것임을 알았기 때문이 아니겠습니까?

남편 요셉은 또 어떻게 했습니까? 마태복음 1장을 보십시오.

> 요셉이 잠에서 깨어 일어나 주의 사자의 분부대로 행하여 그의 아내를 데려왔으나 아들을 낳기까지 동침하지 아니하더니 낳으매 이름을 예수라 하니라 (마 1:24-25)

마리아의 순종도 귀하지만, 요셉은 인간적으로 몹시 어려운 순종을 했습니다. 정혼한 약혼녀가 임신했다는데, 얼마나 기가 막혔겠습니까? 의로운 사람이었던 요셉은 모든 일을 조용히 덮고 관계를 정리하려고 했습니다. 하지만 주의 사자가 꿈에 나타나 "다윗의 자손 요셉아 네 아내 마리아 데려오기를 무서워하지 말라 그에게 잉태된 자는 성령으로 된 것이라 아들을 낳으리니 이름을 예수라 하라 이는 그가 자기 백성을 그들의 죄에서 구원할 자이심이라"(마 1:20-21)라고 말해 주니 순종하여 마리아를 데려왔습니다. 그러고는 "아들을 낳기까지 동침하지"(마 1:25) 않았다고 기록되어 있습니다. 이처럼 예수님의 구원 사역의 배경에는 마리아의 순종과 그녀와 정혼한 요셉의 순종이 있었음을 알아야 합니다.

결혼하여 부부가 된다는 것은 무엇보다도 하나님의 뜻이 이 가정을 통해서 이루어지기를 한마음으로 바라는 것입니다. 이것이 부부가 기도해야 할 첫 번째 기도 제목입니다. 따라서 배우자를 놓고 기도할 때도, 어떤 사람을 만나게 해 달라고 기도할 것이 아니라 배우자를 만나서 하나님의 뜻을 이룰 수 있게 해 달라고 기도해야 합니다. 그러면 하나님이 당신의 뜻을 이루기 위해서 두 사람에게 동일한 마음을 주실 것이고, 두 사람을 통해서 주의 자녀가 태어나게 하실 것입니다. 또한 믿음 안에서 자녀를 기르며 무엇과도 비교할 수 없는 놀라운 기쁨을 맛보게 하실 것입니다.

저는 제 아이들을 하나님의 뜻대로 기르지 못한 것에 늘 죄책감이 있습니다. 예수님을 진즉 알았더라면, 아이들을 믿음 안에서 기르며 기쁨을 누릴 수 있었을 텐데 하는 아쉬움이 있습니다. 젊은 시절에 저는 결혼의 의미, 가정의 의미를 제대로 몰랐기에 그저 한 여자를 향해 가슴이 뜨거워지면 되는 줄 알았습니다. 설령 온 세상이 반대한다 해도 죽도록 애써서 결혼하면 끝이라고 생각했습니다. 그렇게 아내를 집에 데려다 놓고, 저는 일이 마냥 좋아서 바깥으로만 돌아다녔습니다. 무슨 독립운동이라도 하듯이 새벽에 나갔다가 그 다음 날 새벽에 들어오는, 정말 바보 같은 생활을 했던 사람입니다.

그래서 더더욱 젊은이들이 믿음 안에서 결혼에 대한 꿈을 갖기를 원하고, 하나님의 뜻이 그 결혼을 통해서 이루어지는 놀라운 경험을 하기를 축복하는 것입니다. 부부가 하나님이 주시는 비전을 품고, 함께 나아가면 상상도 하지 못한 놀라운 일들이 이루어지는 통로가 된다는 사실을 기억하십시오.

결혼의 비전이란 무엇입니까? 사도행전 18장에 등장하는 브리스길라와 아굴라 부부를 통해 알아봅시다. 브리스길라와 아굴라는 참 특이한 부부입니다. 아굴라가 남편이고 브리스길라는 아내인데, 아굴라는 본도에서 태어난 유대인이며 브리스길라는 로마 귀족 집안 출신의 여인이었습니다. 이들이 사도 바울의 동역자가 되었습니다. 호화롭게 살 수도 있었는데, 예수를 믿는다는 이유로 글라우디오 황제 때 쫓겨나 바울과 함께 고린도에 있다가 에베소로 같이 옮겼습니다.

바울이 에베소교회를 떠나고 후임자로 아볼로가 왔는데, 아볼로는 달변가로 설교를 아주 잘했다고 합니다. 바울을 만나서 천막 만드는 일을 함께했던 브리스길라와 아굴라 부부는 성경 지식만 깊어진 것이 아니라 성령 충만함까지 입었는데, 아볼로의 설교를 들어보니 성령을 잘 모르는 것 같은 것입니다. 이들 부부가 어떻게 했겠습니까? 비난하거나 망신을 줬을까요? 아닙니다. 그를 조용히 집으로 초대하여 "하나님의 도를 더 정확하게 풀어"(행 18:26) 말해 주었습니다. 믿음 안에서 성숙한 부부가 되었기에 가능한 일이었지요.

나중에 고린도교회가 시끄러울 때, 바울이 교회에 편지를 씁니다. 편지의 끝에 보면, 이런 구절이 있습니다. "아시아의 교회들이 너희에게 문안하고 아굴라와 브리스가와 그 집에 있는 교회가 주 안에서 너희에게 간절히 문안"(고전 16:19)한다는 내용입니다. 브리스길라와 아굴라 부부가 자기 집을 교회로 내놓았다는 것을 알 수 있습니다. 가정 교회를 이룬 것입니다.

우리는 예기치 않은 코로나19 팬데믹을 겪으면서 가정 교회를 이루는 연습과 훈련을 해 왔다는 사실을 아십니까? 이제는 굳이 예배당에 모이지 않아도 어디서나 예배를 드릴 수 있는 시대가 되었습니다. 성경 공부도 가정에서 얼마든지 할 수 있습니다. 브리스길라와 아굴라 부부처럼 여러분의 가정이 곧 교회가 되기를 축복합니다.

결혼을 준비하거나 앞둔 분들은 브리스길라와 아굴라 부부와 같이 되기를 원합니다. 결혼에 대한 꿈을 가지되 주님이 내일 오시더라도 주님을 위한 가정을 이루겠다는 결정을 하기를 바랍니다. 그런 가정을 이룰 때, 하나님의 뜻이 그 가정을 통해서 이루어지는 것을 증인으로서 목격하게 될 것입니다. 그것을 위해 기도하여 배우자를 만나기를 바랍니다.

하나님 아버지, 오늘날 얼마나 많은 가정이 목적 없이 방황하는지 모릅니다. 세태에 휩쓸려 떠내려가 깨어지는 가정이 숱합니다. 주님 안에서 믿음으로 가정을 굳건히 지켜 나가도록 붙들어 주옵소서. 날마다 말씀을 새기며 사랑과 은혜로 하루를 아름답게 살아내는 가정이 되게 하옵소서. 예수님의 이름으로 기도합니다.

QnA.

Q 예수님을 영접하기 전에 목사님은 불교도로 출가를 결심하신 적도 있다고 들었습니다. 불교에서 말하는 인연과 기독교에서 말하는 하나님의 섭리는 어떻게 다른가요?

A 인연과 섭리라…. 글쎄요, 꼭 불교뿐 아니라 다른 종교에서도 인연과 같은 개념이 있습니다. 인간이 어떤 거대한 네트워크에 속해 있음을 전제로 서로 인연이 스치거나 운명적인 만남이 있다고 보는 것입니다. 우리가 우주라는 거대한 웹에 속해 있다고 보는 측면에서 인연을 해석한다면, 섭리는 그 웹을 이루는 큰 테두리가 어떤 의도에 의해서 움직인다고 보는 것입니다. 쉽게 말해서 인연에는 주관자가 없습니다. 그러나 섭리라 하면, 우리가 말하는 인연을 주관하는 주체로서 하나님을 인정하는 개념인 것입니다. 따라서 섭리는 다른 차원의 개념입니다.

물론, 이것조차도 종교 간에 주장이 엇갈릴 수는 있겠지만, 섭리를 주관하시는 하나님을 인정하면 단순히 인연만 생각하는 것이 아니라 인연이 가지고 있는 목적과 방향까지도 생각하게 됩니다. 그리하여 "하나님을 사랑하는 자 곧 그의 뜻대로 부르심을 입은 자들에게는 모든 것이 합력하여 선을 이루느니라"(롬 8:28)라고 고백할 수 있게 되는 거죠.

또 인연에는 선연(善緣)과 악연(惡緣)이 있지만, 하나님의 섭리를 생각하면 당장은 악연처럼 보이던 관계가 선하신 하나님의 은혜로 선연의 관계로 바뀔 수 있습니다. 다시 말해서 하나님 안에서는 모든 만남이 하나님의 선을 이루어 가는 통로가 될 수 있다는 뜻입니다. 이것을 믿는 것이 신앙입니다. 심지어 크리스천은 내일 당장 지구에 종말이 찾아와도 그 종말은 곧 새 하늘 새 땅을 위한 궁극적인 선을 이루어 가는 과정임을 믿지 않습니까?

또 불교의 인연에는 선악을 행함으로써 쌓는 업(業) 개념이 있는데, 하나님의 섭리에는 은혜가 있습니다. 구원이 있느냐 없느냐로 설명하면 쉽습니다. 구원이 없기에 자기가 쌓은 업보대로 보응받는다고 믿는 것이죠.

Q 저는 제 잘못으로 이혼했습니다. 가끔은 외로워 새로운 여성을 만나고 싶은 마음이 들어 기도하는데, 이것이 죄일까요? 비록 지금은 이혼 상태이지만, 재결합해야 하지 않을까요? 성경적으로는 그게 맞는 것 같아서요. 하지만 재결합한다고 해도 솔직히 그녀와 사는 것이 너무 힘들게 느껴질 것 같은데, 고난으로 받아

들이고 꼭 참아야 하는 것이겠죠?

A 관계를 회복할 가능성이 있으면, 회복하는 것이 좋지요. 그러나 도저히 그럴 자신이 없다면, 새로운 사람을 만날 수도 있을 것입니다. 그런데 어떤 결혼도 끝까지 좋을 수만은 없습니다.

결혼이란 한 인간이 다른 인간을 겪어 내고, 견뎌 내는 정말로 훌륭한 훈련장입니다. 이혼은 그걸 끝까지 통과하지 못했다는 뜻 아닙니까? 문제는 그다음에 비슷한 강도의 어려움을 만나면, 그때는 과연 견뎌 낼 수 있겠는가입니다. 대부분 전과 똑같은 선택을 하기 마련입니다. 그래서 한 번 이혼한 사람이 두 번, 세 번도 한다는 얘기가 나오는 것입니다. 견딤의 마지노선에 이미 닿아 본 적이 있는데, 끝까지 견디기가 더욱 어려워지지 않겠습니까?

그럴 바에는 차라리 어떻게든 관계를 회복하여 재결합을 위해 노력하는 편이 나을 것입니다. 어느 지점에서 실패했는가를 함께 점검해 보고, 그 고비를 같이 넘길 각오를 하는 것이 더 낫다고 저는 생각합니다.

단, 어떤 결혼이든 새로 시작한다고 생각해야 합니다. 특히 한쪽은 재혼인데, 다른 한쪽이 초혼일 때, 일종의 보상 심리가 작동하기 쉽습니다. 초혼인 내가 밑지는 것 같은 생각이 들 수도 있지요. 그러면 살면서 관계의 평행선을 그리거나 계속 실랑이를 벌일 수 있습니다. 그러니 처음인 것처럼 무조건 새로 시작해야 합니다.

요즘은 이혼을 흠으로 보지도 않습니다. 무슨 큰 죄를 지은 것도 아닌데, 굳이 숨길 이유도 없습니다. 두 번째 결혼이든 세 번째 결혼이든 부부가 이번에는 하나님의 뜻을 이루어 가는 과정으로서 결혼을 받아들이고, 같이 살아가기로 뜻을 모은다면 무엇이 문제겠습니까? 세상에 쉬운 일은 없습니다. 혼자 사는 건 쉬울까요? 혼자 사는 것도 어렵습니다.

Q 하나님을 믿는 아름다운 가정을 만드는 것이 인생 목표였는데, 얼마 전에 모든 것이 깨져 버리고 말았습니다. 남편이 스스로 세상을 떠났어요. 그런데 영문도 모른 채 빚을 떠안게 되어 아이들과 떠돌이 생활을 하고 있습니다. 아이들을 믿음 안에서 잘 키우고 싶지만, 자신이 없습니다. 과연 남편이 하나님 옆에 있을까 하는 생각에 마음이 무너집니다. 이 시련을 어떻게 이기고, 또 아이들을 어떻게 키워야 할까요?

A 아무것도 위로가 되지 않을 상황입니다. 남편이 스스로 세상을 떠났다니, 마음이 무너질 수밖에 없으실 겁니다. 아이들을 믿음 안에서 키우고 싶다면, 답은 하나입니다. 이런 분들

을 위해서 믿음의 공동체가 있는 것입니다. 공동체란 혼자서는 감당할 수 없는 일을 함께 감당하게끔 하시는 하나님의 선물입니다. 하나님은 한 가정이 감당할 수 없는 삶의 무게를 여러 가정이 함께 감당하라고 교회 공동체를 주셨습니다. 즉 교회 공동체가 함께 기도하고 자녀들을 함께 양육하는 것밖에는 다른 길이 없습니다. 좋은 교회에 속하고, 좋은 공동체를 만나는 것이야말로 답입니다.

하나님의 공동체가 어떻게 이루어질지는 아무도 모릅니다. 다만 기도하면, 하나님이 하나님의 방법으로 만나게 하시고, 함께 견디게 하실 것입니다. 다윗이 사울에게 쫓겨 다닐 때, 하나님이 그에게 아둘람 공동체를 주시지 않았습니까? 공동체에 속했던 이들의 면면을 보십시오. 다윗보다 잘난 사람은 한 명도 없었습니다. 오히려 "환난 당한 모든 자와 빚진 모든 자와 마음이 원통한 자가"(삼상 22:2) 400명이나 모여들었습니다. 시글락 공동체는 이보다 더했습니다. 600명이나 모였는데, 다 사회 부적응자요 지명 수배자요 파산자들이었습니다. 이상하게도 하나님은 그런 공동체를 통해서 서로 위로받게 하십니다. 좋은 공동체가 곧 잘난 사람들의 모임이 아니라는 뜻입니다.

Become One

결혼하여 부부가 된다는 것은
무엇보다도 하나님의 뜻이 이 가정을 통해서 이루어
지기를 한마음으로 바라는 것입니다.
부부가 하나님의 비전을 품고, 함께 나아가면
상상도 하지 못한 놀라운 일들이 이루어지는
통로가 될 것입니다.

PART 7.

결혼은 믿음의 선택으로 하나된다

룻이 이르되 내게 어머니를 떠나며 어머니를 따르지 말고 돌아가라 강권하지 마옵소서 어머니께서 가시는 곳에 나도 가고 어머니께서 머무시는 곳에서 나도 머물겠나이다 어머니의 백성이 나의 백성이 되고 어머니의 하나님이 나의 하나님이 되시리니 | 룻 1:16 |

하나님 아버지, 가정이 병든 탓에 세상 또한 병들었습니다. 하나님의 말씀을 통해 가족을 돌아보게 하시고, 가정을 바로 세우게 하여 주옵소서. 가정이 교회 되게 하시고, 교회가 가정 되게 하시어 가정과 교회가 진정한 하나님의 공동체 되게 하여 주옵소서. 예수님의 이름으로 기도합니다.

우리 시대의 문제는 대부분 가정에서 비롯됩니다. 가정의 부실함이 사회로 표출되는 것입니다. 가정이 병들었기에 세상이 병들었고, 세상이 병들었기에 교회가 필요합니다. 하나님이 세상을 구원하는 방편으로 교회를 주셨기 때문입니다. 그런데 왜 사람들이 교회를 떠날까요?

사탄의 목표는 가정을 깨뜨리고, 교회를 무너뜨리는 것입니다. 대상은 둘이지만, 둘 중 하나만 공격해도 둘 다 깨지고 무너지는 효과를 볼 수 있습니다. 가정이 깨지는데, 교회는 굳건하겠습니까? 교회가 흔들리는데, 가정이 평온하겠습니까? 가정의 위기는 곧 신앙생활의 위기입니다.

다음 세대가 교회를 외면하는 이유 중의 하나는 가정에서 보는 부모의 모습과 교회에서 보는 부모의 모습이 다르다는 것입니다. 자녀들은 아버지를 보고 신앙을 품고, 어머니를 보고 신앙을 성장시키기 마련입니다. 그런데 부모가 중심을 잡지 못하면, 어떻게 신앙이 대를 이어 전해지겠습니까? 심각한 것은 자녀 문제가 아니라 부모 문제요 부부 문제입니다.

교회의 본질을 회복하기 위해서라도 하나님의 가정을 바로 세워야 합니다. 진정으로 하나 됨을 경험해야 합니다. 이를 위해 가족이란 무엇인가를 알아볼 필요가 있습니다.

가족, 마음과 영혼을 들여다보는 관계

가족이라 하면, '결혼, 혈연, 입양 등으로 이루어진 친족 관계의 공동체'를 말합니다. 주로 부부를 중심으로 하지요. 그런데 성경에는 결혼으로 맺어졌으나 부부는 아닌 묘한 관계의 유명 가족이 등장합니다. 바로 룻과 나오미입니다.

룻은 모압 출신의 과부로 보아스와 결혼함으로써 예수 그리스도의 계보에 편입되어 그리스도 안에서 우리와 한 가족이 되었습니다(마 1:5). 룻기는 몇 대 거슬러 올라간 집안 어르신의 옛날이야기를 듣듯 들어야 합니다. 먼 윗대 할머니가 어떻게 신앙의 길로 접어들었고, 어떻게 그리스도의 계보로 편입되었는지 들어보십시오.

룻이 하나님을 알게 된 계기는 잘 알려진 대로 나오미의 며느리가 된 것입니다. 룻의 이야기를 들어보기 전에 먼저 나오미의 여정부터 살펴볼 필요가 있습니다.

사사가 다스리던 시대에 유대 땅에 흉년이 들었습니다. 베들레헴에 살던 나오미와 엘리멜렉 부부가 말론과 기룐 두 아들과 함께 기근을 피해 요단 동편 모압 땅으로 이주합니다. 그런데 남편 엘리멜렉이 갑자기 죽어 버립니다. 엘리멜렉이라는 이름의 뜻은 '하나님은 나의 왕이시다'입니다. 하나님을 믿는 가정에 이 무슨 날벼락입니까? 졸지에 과부가 된 나오미는 외지에서 두 아들과 살아야 하는 신세가 되었습니다.

다행히 두 아들이 결혼하게 되었는데, 둘 다 모압 여자와 결혼했습니다. 예나 지금이나 집안에 이방인을 새 식구로 받아들이는 것은 쉽지 않은 일입니다. 나오미는 고향으로 돌아가 유대인 여자를 며느리로 맞이하고 싶었을 것입니다. 그래도 모압에 정착한 지 10여 년이 흘렀고, 이제는 적응하여 얼추 자리 잡고 사는가 했습니다.

그런데 이번에는 두 아들이 죽어 버렸습니다. 이게 또 무슨 일입니까? 이 상황을 어떻게 받아들여야 합니까? "하나님은 어디에 계십니까? 제 기도를 듣기는 하십니까?" 하고 나오미가 탄식하지 않았겠습니까? 과연 믿음을 잃지 않을 수 있을까요?

냉혹한 현실 앞에서 나오미와 오르바와 룻, 시어머니와 두 며느리가 어떤 선택을 했는가 보십시오. 선택이 믿음을 보여 줍니다. 좋은 일만 있을 때는 믿음이 잘 드러나지 않습니다. 모든 일이 순조롭게 풀리는데, 믿으면 어떻고 또 안 믿으면 어떻습니까? 그러나 감당할 수 없는 고난이나 역경 앞에 섰을 때, 인생의 방향이 바뀔 수도 있는 중요한 갈림길에 섰을 때, 어떤 선택을 하느냐로 믿음이 드러납니다. 이런 상황에 부딪

히면, 사람들은 대개 세 가지 반응을 보입니다. 하나님을 원망하며 떠나거나 자신을 탓하며 자책하거나 아니면 탓할 대상을 찾습니다. 우리나라 정서로는 며느리들이 잘못 들어와서 집안에 우환이 생겼다고 하지 않겠습니까? 슬픔으로 악에 받친 시어머니가 두 며느리를 달달 볶기 시작할 것입니다.

그런데 나오미의 반응은 달랐습니다. 오르바와 룻을 이미 가족으로 받아들였던 나오미는 문제 앞에서 흔들리지 않습니다. 사람을 탓하지 않고, 스스로 자책하지도 않고, 하나님을 원망하지도 않습니다. 묵묵히 받아들일 뿐입니다.

하나님을 믿어도 이런 일을 당합니다. 하나님을 나의 아버지요 나의 왕이시라고 고백해도 인생에 이런 일이 벌어진다는 것입니다. 이것이 우리 믿음의 현실입니다. 믿는다고 다 좋은 일만 있습니까? 믿는다고 항상 무탈합니까? 아닙니다. 믿어도 끔찍한 일을 당할 수 있습니다. 우리는 이 사실을 받아들여야 합니다.

문제가 생겼을 때, 원인을 규명하기 위해 그것을 분석하고 책임 소재를 따진다면, 그건 가족이 아니라 이해관계로 맺어진 집단에 불과합니다. 가족의 최우선은 문제 해결이 아니라 문제로 인해 괴로워하는 가족과 아픔을 함께 나누는 것입니다. 한마디로 서로를 품고, 마음과 영혼을 들여다보는 관계가 가족입니다. 하나님이 만드신 최초의 공동체인 가족은 문제 앞에서 흔들리지 않습니다. 가족은 어려움을 겪을 때 함께 이겨내라고 주신 선물이기 때문입니다.

드디어 유대 땅에서 좋은 소식이 들려왔습니다. 기근이 끝나고 다시 풍족해졌다는 것입니다. 이제 나오미는 세 가지 선택 사항 중에서 하나를 골라야 합니다. 첫째, 모압에서 계속 사는 것입니다. 고향이 아무리 그리워도 떠나온 지 십수 년이 지났으니 어쩔 수 없다고 여기고 눌러사는 것입니다. 두 며느리와 지지고 볶으면서 살게 되겠지요. 둘째는 모압 출신의 두 며느리를 남겨 두고, 나오미 혼자 고향으로 돌아가는 것입니다. 마지막은 두 며느리를 설득해서 다 같이 유대 땅으로 돌아가는 것입니다. 나오미는 그중 세 번째를 택합니다.

이때 나오미의 선택 기준은 무엇이었을까요? 나이도 들었으니 자기를 봉양해 줄 며느리가 필요했을 수도 있습니다. 아니면 며느리들이 과부로서 살아가기가 얼마나 힘들지 잘 알기에 차마 두고 가지 못한 것일 수도 있습니다. 이처럼 두 며느리와 함께 가는 모양은 같을지라도 그 동기는 완전히 반대일 수 있습니다. 나오미는 자기처럼 과부가 된 두 며느리가 안쓰럽고, 염려되는 마음에 데려가기로 합니다. 이방인이라도 가족이 되었으니 모른 체할 수 없었던 것입니다. 하나님은 그 마음을 들여다보십니다.

오르바와 룻을 데리고 고향 베들레헴을 향해 길을 나선 나오미는 곧 마음을 바꿉니다. 왜 그랬을까요? 거듭 생각하고, 깊이 기도하다 보니 아직 젊은 며느리들을 재혼시키는 것이 하나님 뜻인 것 같았기 때문입니다. 그래서 가던 길을 멈추고, 오르바와 룻에게 각기 친정집으로 돌아가 모압 남자와 재혼하여 잘 살라고 말해 줍니다. 그러나 두 며느리는 "아니니이다 우리는 어머니와 함께 어머니의 백성에게로 돌아가겠나이다"(룻 1:10) 하며 목을 놓아 웁니다. 나오미는 "여호와의 손이 나를 치셨으므로 나는 너희로 말미암아 더욱 마음이 아프도다"(룻 1:13) 하고 심정을 토로하며 달랬고, 오르바와 룻이 더욱 소리를 높여 울었습니다.

마침내 오르바가 나오미에게 이별의 입맞춤을 하고 떠났고, 룻은 시어머니를 놓치지 않겠다는 듯 끈질기게 찰싹 붙었습니다. 두 며느리가 처음에는 같이 울었지만, 결국 정반대의 결정을 내린 것입니다. 오르바는 떠났는데, 왜 룻은 나오미를 붙들었습니까? 혹시 베들레헴에 나오미가 숨겨 놓은 땅이라도 있어서, 시어머니를 따라가면 고생 끝이라고 생각해서 그랬을까요? 아닙니다. 아무것도 보장된 게 없었습니다. 그런데도 룻은 아무 희망도 보이지 않는 시어머니의 곁을 떠나지 않았습니다. 우리는 이런 선택을 할 수 있을까요?

나오미는 두 며느리에게 친정집으로 돌아가라고 말할 때, "너희가 죽은 자들과 나를 선대한 것같이 여호와께서 너희를 선대하시기를”(룻 1:8) 원한다고 덧붙였습니다. 그런데 오르바와 룻은 시어머니 나오미의 생애를 통해 어떤 하나님을 발견했을까요? 과연 하나님이 시어머니를 선대해 주셨다고 여겼겠습니까? 시어머니 곁에서 수년을 살면서 하나님 덕분에 잘된 일을 하나라도 봤을까요? 상황이나 형편이 나아진 적이 있느냔 말입니다. 없습니다. 그들은 보았습니다. 낯선 모압 땅에서 남편을 잃은 나오미가 두 아들마저 잃는 모습을 지켜봤습니다. 하나님을 믿는다는 시어머니가 어떤 고통과 슬픔을 겪었는지를 똑똑히 봤습니다.

하나님을 믿는 사람이 불행을 겪는 걸 보면, 세상 사람들은 “잘되는 일이라곤 하나도 없어 보이는데, 저 사람은 왜 하나님을 믿을까? 왜 하나님을 저버리지 않지?” 하고 의문을 품을 수 있습니다. 오르바와 룻도 나오미를 보며 “우리 모압 사람들은 ‘그모스의 백성’답게 그모스 신상 앞에서 인신 공양을 드리기도 하는데, 시어머니는 왜 보이지도 않는 하나님을 믿을까? 믿어 봐야 좋은 일이 생기는 것 같지도 않은데, 왜 하나님을 떠나지 않을까?” 하고 의아해했을지도 모릅니다.

그런데도 룻이 내린 결론은 무엇입니까?

> 내게 어머니를 떠나며 어머니를 따르지 말고 돌아가라 강권하지 마옵소서 어머니께서 가시는 곳에 나도 가고 어머니께서 머무시는 곳에서 나도 머물겠나이다 어머니의 백성이 나의 백성이 되고

어머니의 하나님이 나의 하나님이 되시리니 어머니께서 죽으시는 곳에서 나도 죽어 거기 묻힐 것이라 만일 내가 죽는 일 외에 어머니를 떠나면 여호와께서 내게 벌을 내리시고 더 내리시기를 원하나이다 (룻 1:16-17)

시어머니의 하나님이 '나의 하나님' 되길 원한다는 것입니다.

기억하십시오. 모든 일이 잘 풀려야만 전도할 수 있는 것이 아닙니다. 되는 일이 아무것도 없어도 하나님을 붙들고 있으면, 그것이 전도입니다. 그러므로 일이 풀리든 안 풀리든, 힘들든, 힘들지 않든 상관없이, 무슨 일이 닥치더라도 하나님을 꼭 붙드시길 바랍니다. 그 태도만으로도 전도할 수 있습니다. 당신이 하나님을 붙들고 있는 모습을 지켜본 누군가가 언젠가는 하나님을 만나게 되는 역사가 반드시 있을 것입니다.

룻은 진정한 가족이란 무엇인가를 보여 주었습니다. 그녀는 나오미와 피 한 방울 섞이지 않은 이방인이었지만, 하나님 안에서 한 가족이 되었습니다. 자신의 결정으로 앞으로 어떤 놀라운 일을 겪게 될지 몰랐을 것입니다. 아무도 과부 룻에게 관심이 없었고, 누구도 그녀를 주목하지 않았습니다. 그러나 하나님은 시어머니의 하나님을 내 하나님으로 믿어 보겠다는 룻과 나오미의 아름다운 동행을 지켜보셨습니다. 이로써 역사를 바꾸는 일이 시작된 것입니다. 이것이 바로 우리는 알지 못하는 인생의 신비입니다.

우리는 날마다 선택해야 합니다. 내가 원하는 대로, 내 뜻대로만 일이 성사되도록 해 주시지 않는 하나님을 택하겠습니까? 아니면 내가 듣고 싶어 하는 대로 예언해 주고, 기이한 일을 보여 주는 우상을 좇겠습니까? 인생의 갈림길에서 선택해야 합니다. 그 선택에는 가족도 포함됩니다. 한 집에 산다고 가족입니까? 결혼했다고 진정한 가족이라고 할 수 있을까요? 아닙니다. 진정한 가족은 한 믿음 아래서만 가능합니다.

룻은 오르바와 다른 선택을 함으로써 전혀 다른 인생길을 걷게 되었습니다. 시어머니가 믿는 하나님을 따라 믿기로 선택함으로써 장차 예수 그리스도의 계보에 들어가게 되었습니다. 하나님의 가족이 되는 것입니다.

하나님이 교회보다 먼저 선물로 주신 가족의 힘, 가정의 능력을 경험하지 않고서는 이 어려운 시대를 뚫고 나가기가 어렵습니다. 우리 신앙은 가족에서부터 시작되어야 합니다. 가정에서부터 반석 같은 믿음을 다지지 않으면, 우리는 위선적인 종교인으로 전락하게 될 것입니다.

나오미와 같은 인생을 살았던 우리나라 작가가 있다는 사실을 아십니까? 바로 한국 현대문학을 대표하는 박완서 작가입니다. 박 작가는 남편을 여읜 지 석 달 만에 당시 서울의대 졸업 후 레지던트 생활을 하던 아들을 교통사고로 또 잃었습니다. 보통 이런 일을 겪으면, 어떻게 반응할까요? '내가 하나님께 무슨 잘못한 일이 있던가? 평소 내 기도가 부족했나? 내가 하나님의 음성을 잘못 들었나?' 하며 갈등에 빠지지 않습니까? 크리스천인 박 작가도 그렇게 갈등하며 간절히 기도했다고 합니다. 오랫동안 하나님과 씨름하듯 기도한 끝에 들은 하나님의 응답이 뜻밖이었습니다.

"남편이 죽고, 아들도 죽는 그런 불행한 일이 왜 너한테는 일어나면 안 되는 것이냐?"

이런 응답을 받는다면, 어떻게 하시겠습니까? 무슨 그런 말씀을 하시느냐며 울분을 토한 뒤 바로 떠나 버리지 않겠습니까? 그러나 박완서 작가는 그렇게 반응하지 않았습니다. 하나님의 응답을 들으니 오히려 모든 의심과 서운함과 외로움이 다 풀려서 홀가분해졌다고 합니다. 그러고 나서 자기 신앙의 내밀한 부분을 성찰하기 시작했다고 합니다. 이것이 성숙한 신앙인의 모습입니다.

어떻게 생각하십니까? 세상 모든 사람이 불행을 겪더라도 그 일만큼은 나에게 닥쳐서는 안 된다고 생각합니까? 설령 그런 일을 겪게 될지라도 하나님을 향한 믿음을 놓지 않는 것이 중요합니다. 하나님을 믿으며 버티는 것이 중요합니다. 그러한 믿음의 자세를 갖추기를 축복합니다.

뜻대로 되는 일이 없고, 사랑하는 남편과 두 아들을 모두 잃으면서도 신앙을 지켰던 나오미의 모습을 지켜본 이방 여인 룻은 망설임 없이 시어머니를 따라 하나님의 백성이 되는 길을 선택했습니다. 그야말로 룻의 인생에서 가장 위대한 선택이었습니다.

믿음의 길을 선택한 이상 흔들리지 마십시오. 아무리 어렵고 힘들더라도 끝까지 가십시오. 좁은 길이라도 기쁘게 가십시오. 우리가 "알지 못하는 크고 은밀한 일"(렘 33:3)들을 그 길 위에서 만날 것입니다. 믿음의 선택은 영원의 선택입니다.

정반대의 선택을 한 오르바와 룻은 후대에 서로 대척점에 서게 될 줄은 미처 몰랐을 것입니다. 유대교 랍비들의 성경 해석이 담긴《미드라시》를 보면, 오르바는 훗날 골리앗의 조상이 되었다고 합니다. 그런데 룻은 보아스와의 사이에서 오벳을 낳았고, 오벳은 이새를 낳았으며 이새는 다윗을 낳았습니다(대상 2:12-15).

그러므로 어려운 선택, 손해 보는 선택, 힘든 선택을 하십시오. 좁은 문으로 향하는 좁은 길을 걸으십시오. 그 믿음의 길을 끝까지 걸으시길 바랍니다. 당신이 고군분투하면서도 신앙을 잃지 않는 모습을 본 누군가가 그로 인해 하나님의 가족이 되는 길을 선택할 수 있습니다.

과부 두 사람을 통해서도 놀라운 일을 행하신 하나님이 당신의 생애 가운데 당신의 가족들을 통해서 구원의 역사를 펼쳐 가시기를 기도합니다.

하나님 아버지, 꿈과 비전은 물론 희망도 소망도 잃었던 두 과부 나오미와 룻에게 하나님은 아무도 상상 못 했던 비밀의 문을 열어 주시고, 놀라운 축복과 은혜를 물 붓듯 부어 주셨습니다. 은혜의 물줄기를 계획하셨던 주님, 우리가 전심의 결단을 주님께 올려 드릴 때, 주님이 우리에게도 놀라운 축복과 은혜를 부어 주실 것을 믿습니다. 그럼으로써 마지막 시대에 하나님이 뜻하신 구원의 역사가 우리 삶을 통해 역동적으로 일어나기를 소원합니다.

주님, 우리를 믿지 않는 가족에게 복음을 전하는 통로로 사용해 주시기를 원합니다. 그들이 우리를 통해 하나님을 만날 수 있도록 도와주옵소서. 그리고 그 만남을 통해 구원의 역사가 끊임없이 이어져 은혜의 물줄기가 흘러가게 하옵소서. 예수님의 이름으로 기도합니다.

QnA.

Q 여자친구와 교제한 지 3년이 되었습니다. 결혼하고 싶은데, 여자친구의 부모님이 제 형편을 이유로 극렬히 반대하십니다. 저는 어떻게 기도해야 하고, 또 이런 상황에 어떻게 대처해야 할까요?

A 우선 자매님이 가부간에 결정해야겠죠. 부모와 결혼하는 건 아니지 않습니까? 성인 남녀가 결혼할 때는, 심지어 신앙 안에서 바로 서 있는 남녀가 결혼할 때는 부모의 의견을 최대한 존중하고, 예의를 갖추어 대해야 마땅하지만, 부모의 반대가 결혼 여부를 결정짓는 중요 요인이 되어서는 안 됩니다.

부모의 반대를 무릅쓴다면, 부모의 도움을 받지 않을 결심과 각오를 굳건히 하는 계기가 되지 않겠습니까? 부모가 반대하는 결혼을 해 놓고, 도와달라고 할 수 없을 테니 말입니다. 오히려 잘된 것이죠. 물론 양쪽 부모가 다 축복해 주면 더할 나위 없이 좋겠지만, 부모가 세속적인 조건만을 따진다면, 그런 건 얘기가 안 되는 거죠.

부모가 반대하면, 도리어 좋다는 생각으로 서로의 사랑을 확인하십시오. 어렵게 출발한다고 해서 평생 어렵게 사는 것도 아니지 않습니까? 어려운 출발은 오히려 단단한 출발이요 훨씬 유리한 출발입니다. 둘이 진실로 사랑하면, 부모의 반대는 얼마든지 극복할 수 있습니다.

다만, 한 가지 조심할 것이 있습니다. 두 사람의 사랑이 견고함을 확인하고 결혼에 대한 의지가 변함없다면, 결혼하는 것이 좋지만, 자기 부모를 떠나기에 앞서 부모에게 큰 상처를 주지 않도록 유의해야 한다는 것입니다. 부모의 의견을 존중하면서 기다릴 만큼 기다리고, 부모의 마음이 풀릴 만한 여유를 주는 것이 필요합니다. 이것이 아름다운 신앙의 모습이기도 합니다.

Q 믿음이 없는 사람과 결혼했습니다. 배우자와 어떻게 한마음이 될 수 있을까요? 저는 주일성수를 하고 싶은데, 배우자는 일요일은 노는 날이 아니냐며 자꾸 놀러 가자고만 합니다. 상대를 존중하는 뜻에서 몇 번 놀러 가기도 했습니다만, 왠지 기준이 무너지는 것 같은 기분이 듭니다. 어떻게 해야 할까요?

A 답하기에 앞서 묻겠습니다. 정말로 이럴 줄 모르고 결혼했습니까? 솔직히 알고도 결혼하지 않았습니까? 모르고 했다면, 말이 안 되지요. 그럴 줄 알고도 결혼하기로 결심했다는

것을 먼저 인정하십시오. 그래야 책임 있게 행동하게 됩니다.

신앙이 미숙한 어린아이들에겐 같이 놀아 주는 것이 예배입니다. 예배와 놀이가 상극의 관계가 아니란 뜻입니다. 저는 신앙이 미숙한 사람들과는 다툴 필요가 없다고 생각합니다. 문제는 미숙한 신앙을 견딜 만한 성숙함이 나에게 있는가입니다. 그게 없어서 늘 불안한 겁니다.

믿지 않는 배우자를 걱정할 일이 아닙니다. 주일 예배를 포기하고, 그·그녀와 놀아 주려면 주중 예배라도 탄탄히 드려야 합니다. 그래야 주일에 배우자와 노는 시간이 예배가 됩니다.

제가 이런 생각을 하게 된 계기가 있습니다. 어느 프로 골퍼가 주일마다 파이널 라운드가 벌어져서 주일 예배를 드리기 어렵게 되자 대신 수요 예배를 자신만의 주일 예배로 삼는 것을 본 덕분입니다. 그와 마찬가지로 주일에 배우자와 좋은 시간을 보내도 어떻습니까? 수요 예배를 드리든지 새벽 예배를 드리든지 해서 자기 신앙을 다져 놓는 것이 중요합니다. 그래야 그·그녀를 믿음으로 인도할 수 있는 마음의 여유가 생기기 때문입니다.

주일에 놀러 다닌다는 죄책감에 빠져 있기보다는 함께 시간을 보냄으로써 배우자가 진정한 안식이란 무엇인지를 찾아가도록 이끌고, 결국 안식의 삶으로 인도하는 것이 참된 전도가 아니겠습니까? 교적에 이름을 올린 교회에 출석하는 것만을 주일 성수로 여기는 것이 안타까울 때가 있습니다. 고정 관념에 묶여 있는 것은 아닐까요? 교회란 무엇인가, 본질로 돌아갈 필요가 있습니다. 예수님이 성경을 통해 무엇이라 말씀하시는지 들어야 할 필요가 있습니다. 우리 자신이 교회 아닙니까? 내가 교회라면, 어디에서든 주님과 더불어 예배할 수 있는 것 아니겠습니까?

Faith

가정의 위기는 곧 신앙생활의 위기입니다. 가족은 어려움을 겪을 때 함께 이겨 내라고 주신 선물입니다. 진정한 가족은 한 믿음 아래서만 가능합니다.
믿음의 길을 선택한 이상 흔들리지 마십시오.
믿음의 선택은 영원의 선택입니다.

The End